LIEUTENANT SANGODING

DU 80e RÉGIMENT D'INFANTERIE

L'AME DU SOLDAT

ESSAI DE

Psychologie militaire pratique

Ouvrage honoré d'une citation de l'Académie des sciences morales et politiques

BERGER-LEVRAULT & Cie, ÉDITEURS

PARIS · NANCY

RUE DES BEAUX-ARTS, 5—7 · | RUE DES GLACIS, 18

1910

Prix : 1 fr. 25

L'AME DU SOLDAT

ESSAI DE

Psychologie militaire pratique

Ouvrage honoré d'une citation de l'Académie des sciences morales et politiques

BERGER-LEVRAULT & Cie, ÉDITEURS

PARIS
RUE DES BEAUX-ARTS, 5-7

NANCY
RUE DES GLACIS, 18

1910

(Extrait de la *Revue de Cavalerie*)

AVANT-PROPOS

Qu'il soit permis à l'auteur de remplir tout d'abord un devoir de reconnaissance et de remercier ici l'une des hautes personnalités qui ont bien voulu, spontanément, l'encourager dans une étude passionnante, mais pleine de difficultés. « .....Votre petit livre, consacré à *l'Ame du Soldat*, est très intéressant; j'y ai remarqué de fines observations, une conviction ardente, un style franc et chaud. Je souhaite vivement qu'il réussisse et atteigne son but. » (Arthur CHUQUET.)

Convaincu, je le suis. — Intéressant, je voudrais l'être et réussir à développer chez quelques-uns le goût des études morales.

Nos jeunes gradés sont pleins de zèle et d'inexpérience. Ils ne demandent qu'à entrer dans la voie de la discipline volontaire que le commandement leur indique, mais les moyens à employer leur échappent trop souvent. — Beaucoup, dans les mots : confiance mutuelle, ascendant, dévouement, éducation, etc., — ne voient que des mots, représentant des idées imprécises, confuses, sans valeur pratique.

Je veux essayer de leur montrer que ce ne sont pas des mots, mais des idées fécondes; qu'il faut les traduire, dans la pratique journalière, par des actes tangibles, par des faits matériels, par des leçons de choses. — Qu'il le veuille où non, l'action morale du chef est un fait psychologique qui, obligatoirement, accompagne l'exercice normal de son autorité. Cette action sera mauvaise si elle n'est pas fermement réglée par une volonté orientée. La volonté de bien faire ne manque ni à nos jeunes cadres, ni à nos cadres de réserve : il faut les aider à orienter cette volonté.

Travailler l'âme du soldat est nécessaire, mais laborieux. Enseigner comment il faut la travailler l'est davantage. — Je demande instamment à tous de regarder à travers les imperfections et les lacunes de cette courte brochure, pour ne voir que les éléments de la saine et vivifiante doctrine : celle du chef dont le travail continu et la bonté méthodique assurent constamment à la Patrie les énergies dévouées et solidaires de tous ses défenseurs.

L'AME DU SOLDAT

Essai de psychologie militaire pratique

L'ARMÉE NATIONALE

Une plaine ondulée, — immense, — des cris de triomphe, de désespoir, de peur, de souffrance, — des morts, des blessés, — la mince écorce de civilisation qui éclate partout et laisse apparaître, dans sa hideur bestiale et superbe, la férocité naturelle de l'homme, — des foules armées, innombrables, qui luttent, qui tuent et qui meurent, — c'est la bataille, c'est la ruée d'un peuple sur un autre, c'est la guerre de Troie, c'est l'invasion d'Attila, c'est la guerre future, d'autant plus redoutable que moins prévue, — c'est la lutte d'un intérêt général, commun à tous et qui touche chacun, contre un intérêt de même ordre, contradictoire.

Cet intérêt commun est la base de la **cohésion**, qui groupe en un effort unique une multitude d'efforts individuels.

Il a varié souvent, au cours des siècles; il a été la misère d'une race avide des richesses d'une race voisine; il a été le prestige exceptionnel d'un Alexandre, d'un César, d'un Napoléon. Après de nombreuses transformations, il réside aujourd'hui dans le dévouement à un idéal commun, dans l'amour de la patrie.

Ce n'est que dans les temps modernes, contemporains même, que cette idée, purement abstraite et souvent nuageuse autrefois, s'est imposée de plus en plus et est devenue la base de toutes les organisations sociales, de l'armée en particulier.

Et c'est pourquoi, si, dans une œuvre aussi colossale que l'organisation moderne de tout un peuple prenant les armes contre l'envahisseur, il n'y a pas, en France tout au moins, de difficultés matérielles que la richesse du pays ne permette de vaincre, l'élément « moral », de beaucoup le plus important, si difficile à travailler, si mobile, surtout en France, offre sans cesse à tous un champ toujours nouveau d'activité.

Qu'attend donc la patrie de ceux à qui elle confie ses fils?

Une armée nombreuse, — c'est vrai ! — instruite, — c'est vrai ! — disciplinée, — c'est vrai ! mais, si notre armée n'avait que ces qualités, il lui manquerait ce qui donne et a toujours donné la victoire : le dévouement profond, absolu, irréfléchi, du soldat à son chef; la volonté ferme et nette de chacun de suivre son chef, de se faire tuer pour son chef, et avec son chef. La discipline des corps, nous l'avons, nous l'aurons toujours; c'est un minimum facile à obtenir; c'est la discipline féodale, ce n'est pas la discipline d'une nation armée, surtout quand cette nation est la France. Ce qu'il nous faut travailler et perfectionner sans cesse, c'est la **discipline des âmes, des cœurs, des énergies, des dévouements.** C'est celle-là qui est battue en brèche par les retardataires des siècles passés, ceux dont le cerveau n'a pas encore assez évolué pour accepter l'idée directrice de Patrie. C'est celle qui est précieuse entre toutes, et dont notre devoir le plus sacré est de prévenir les moindres défaillances. De plus en plus, le service militaire doit être un devoir rempli par chacun avec joie et non une corvée pénible acceptée par peur du châtiment.

C'est vers ce but que de plus en plus s'orientent et les prescriptions du règlement et l'attention du haut commandement. C'est dans cette voie qu'il faut pousser sans cesse et diriger les chefs immédiats du soldat, ceux avec lesquels il est en rapport constant, et dont l'influence est prépondérante, — parce que continue, — jeunes gens qui sont tout zèle et dévouement, mais qui ne peuvent avoir l'habitude du maniement de l'homme. A une expérience que seuls donnent l'âge et la réflexion, il leur faut suppléer par une éducation philosophique, difficile à acquérir, difficile à donner. Il n'est pas un acte de commandement qui ne touche au moral du soldat et n'augmente ou ne diminue la confiance de l'homme en son chef. L'éducation morale du soldat n'est le privilège de personne, mais l'apanage de tous, et ceux qui en sont plus spécialement chargés tisseront la toile de Pénélope, s'ils ne sont pas activement et intelligemment secondés par tous.

Commander est un art et le plus difficile de tous, car il s'exerce sur la matière la plus insaisissable, la plus délicate, la plus impressionnable qui soit, en même temps que la plus passionnante : l'âme d'un homme. Pas plus que la lecture d'un livre ne suffit à former un violoniste, la lecture de ce petit travail ne peut suffire à former des virtuoses du commandement immédiat du soldat. Mon but est beaucoup plus modeste; je chercherai seulement à donner à ceux que, par goût ou par devoir, la question intéresse, matière à réflexion. Et commander, c'est, avant tout, réfléchir.

LE ROLE DU CHEF

Si le cri de bataille de l'armée française a varié dans l'histoire, nous, c'est en criant : « Vive la France! » que nous saluerons la prochaine mobilisation. C'est l'amour profond, passé dans le sang, de la patrie qui nous donnera la victoire, réservée non aux gros bataillons, mais aux plus entêtés, et l'on n'est entêté que lorsqu'on est dominé par une idée fixe, indéracinable, à laquelle on est prêt à sacrifier sa vie, s'il le faut. Mais ne comptons pas sur la popularité éventuelle de la cause que nous aurions à défendre pour nous fournir l'enthousiasme nécessaire. — Non. — Nous devons être prêts à toute heure, et une armée prête est celle qui est sûre qu'à tout moment, tous ses éléments, pris dans les casernes ou dans la vie civile, sont prêts à suivre le chef avec dévouement, et que tous, chefs et soldats, de toute origine, sont liés entre eux par le sentiment commun de l'amour de la patrie. Nous devons être, à tout moment, plus sûrs du moral de nos réservistes que de leur instruction militaire. Et combien cela est plus facile! Soyons tous bien assurés que, si, dans les occupations de sa vie normale, l'homme oublie quelque chose de son instruction proprement dite, rien ne se perd de l'éducation qu'il a reçue. Les principes du demi-tour sont fugaces, mais l'impression gardée du régiment est indélébile. Travaillons donc tous pour que cette impression, première base du moral de la troupe, soit telle que, libéré, le soldat pense, sans crainte, avec une joie virile, au moment où il retrouvera son fusil, ses camarades et ses chefs. Obtenir ce résultat, tel est le but à viser dans l'exercice du commandement, du commandement inférieur surtout, celui qui est en contact direct avec l'homme. Le soldat vit constamment dans une atmosphère de petit commandement qui l'enveloppe aussi continuellement et aussi étroitement que la chemise qu'il a sur le dos. Il faut donc que cette chemise soit douce et ne lui racle pas la peau; il faut qu'il s'y trouve à l'aise, et la douceur ou la rugosité des vêtements qui viendront ensuite, par superposition, lui sont d'autant plus indifférentes qu'ils seront plus éloignés de son épiderme.

Faire que l'armée soit populaire, en un mot, est donc, en résumé, surtout le rôle du chef direct du soldat. Et, il faut le dire bien haut, l'impopularité du service militaire, c'est-à-dire la répugnance du citoyen français à accomplir ses devoirs envers la patrie, est surtout un thème facile pour certaines publications, le résultat de l'impressionnabilité des foules, — un genre de pose que le soldat, qui aime à avoir le képi sur l'oreille, se donne devant le civil ; — et aussi, pour beaucoup, la résultante des *carottes* que des jeunes gens de vingt ans, dénués de ressources, tirent à leurs parents. Tous les soldats, sans aucune exception, ont besoin des gros sous du papa, d'où unanimité de plaintes et de jérémiades intéressées. Tout cela n'est pas sérieux. Lorsqu'il est seul et qu'il descend en lui-même, le soldat ne crie pas : *Vive la classe !*

L'esprit militaire des réservistes est, à première vue, supérieur à celui des gamins de l'active. Et cependant, chefs de famille généralement, l'impôt du temps devrait leur peser davantage. Cela vient simplement de ce que, mûris, ayant quelques ressources personnelles, n'en attendant plus de papa et de maman, ils n'éprouvent plus le besoin de raconter le boniment lucratif.

Concluons donc que l'obligation du service militaire ne soulève guère de récriminations sérieuses. Il n'en est pas moins certain qu'il y a, pour l'armée, un intérêt sérieux à détruire les lamentations, même exagérées, même non sincères, mais qui l'enveloppent d'un nuage inconsistant et malsain. Chez les jeunes gens qu'on nous envoie, il faut tuer rapidement le grand gamin pleurnichard et développer l'homme fait, vigoureux, brave, ardent à la lutte, dévoué à son chef et sachant faire à la patrie le sacrifice viril de son sang, au combat, de son temps et de ses plaisirs, à la caserne.

Et c'est pourquoi, pas plus qu'il n'y a deux manœuvres, il n'y a deux disciplines. La caserne et la bataille sont les deux faces du devoir militaire, qui est un. Et, dans la question « discipline » que j'étudie ici, comme dans toutes les autres, c'est de **la guerre**, but unique de l'armée, manifestation normale de la puissance de ses moyens, qu'il faut partir pour en déduire les principes immuables qui doivent nous guider en tout temps.

UN MOT SUR LE « ROLE SOCIAL »
DU CHEF

Avant d'aller plus loin, remarquons que la « guerre », à laquelle nous devons penser toujours et dont nous devons parler souvent, fixe tous nos devoirs sans exception, règle tous nos procédés d'instruction et d'éducation, et nous oriente, en toutes circonstances, sans erreur possible et sans appel.

Vous voulez des lanciers? disait, il y a quelque dix ans, un général de cavalerie. Faites des cavaliers. — Vous voulez des trompettes? Faites des cavaliers.

Et comme il avait raison!

Vous voulez des citoyens ? pourrions-nous ajouter. Faites des soldats.

Et qu'est-ce donc que faire un soldat? C'est prendre un jeune homme, qu'on nous envoie, quelconque, très peu comparable à son voisin, et développer ses qualités d'aptitude à la guerre jusqu'au maximum.

Et que faut-il pour être apte à la guerre, à la guerre moderne surtout?

Une instruction générale aussi complète que possible, une solide foi en la patrie et en ses chefs, de la vigueur, de l'endurance, du courage, de la sobriété, de l'hygiène, du soin, de l'ordre, de la conscience, la haine de la lâcheté, du mensonge, de tout ce qui est vil et bas, etc. — Le soldat est fait, lorsque nous avons développé et rendu maxima la valeur individuelle, tant physique que morale, de l'homme.

Est-ce que toutes les qualités que nous recherchons, que nous créons, que nous développons chez le jeune homme pour en faire un bon soldat, ne sont pas précisément celles qui sont nécessaires au bon citoyen?

La guerre est-elle autre chose que la lutte pour la vie? Et la lutte pour la vie ne met-elle pas en œuvre toutes les facultés de l'homme? avec cette restriction que l'honneur militaire limite le choix des moyens, et interdit l'emploi des mauvais.

Faisons donc de bons soldats, bornons-nous à cela, mais donnons-nous tout entiers à cette œuvre et, du même coup, nous serons sûrs de jouer admirablement ce qu'on a appelé notre « rôle social ».

LA DISCIPLINE A LA CASERNE ET AU COMBAT

Il n'y a pas une discipline spéciale au temps de paix et une discipline spéciale à la guerre. Il n'y a qu'une manière d'obéir, il n'y a qu'une manière de se faire obéir. Les procédés de commandement sont immuables. Tout procédé, suffisant à la caserne, insuffisant à la bataille, est à rejeter.

Réfléchissons seulement qu'en campagne, le chef demande au soldat beaucoup d'héroïsme; qu'au quartier il ne lui demande qu'un peu de bonne volonté. Qui peut le plus, peut le moins. Il serait inimaginable qu'en faisant appel aux sentiments d'honneur, de courage, d'amour-propre, on obtienne d'un homme de risquer sciemment son existence et qu'on ne puisse, par le même moyen, obtenir un peu de zèle à l'exercice. Ne comptons pas sur la griserie du champ de bataille; il n'y en aura pas; il y aura les kilomètres dans la boue, le plat-ventre dans l'herbe, l'attente interminable dans un fossé, le tir incertain sur un ennemi prudemment terré à grande distance; il y aura l'entassement le soir dans un gîte insuffisant, le qui-vive incessant, la soupe comme on pourra. Tout cela n'aura rien d'enivrant, et la guerre future fera appel beaucoup plus à nos qualités de patience, d'endurance, de courage silencieux, qu'à de bruyantes manifestations de folle témérité. La guerre n'aura pas l'allant des grandes manœuvres où, inévitablement, les engagements sont fréquents, rapides, intéressants, où, volontairement, les fatigues sont médiocres, la soupe prête à l'heure et le gîte confortable. Ne comptons donc pas trop sur l'enthousiasme guerrier, mais disons-nous plutôt que le combat ne nous apportera rien de nouveau, que nos moyens de commandement ne seront pas modifiés, et que, par suite, nous ne devons utiliser normalement que ceux qui pourront nous servir dans toutes les circonstances de la guerre.

LA BASE UNIQUE DE LA DISCIPLINE

Or, à la bataille, nous ne conduirons nos hommes ni par la force ni par la crainte, mais bien uniquement par l'ascendant que nous aurons sur eux; ascendant qui, au début tout au moins, ne sera que notre quote-part d'un ascendant collectif. Plus simplement, nos réservistes ne nous accorderont, pendant les premiers jours, jusqu'à ce que connaissance soit faite, que la confiance accordée en bloc par la masse des soldats à la généralité de ceux qui sont chargés de les conduire.

Il manquera la confiance personnelle et la facilité d'entente que donne l'habitude.

Résumons :

A la guerre, un seul procédé de commandement basé sur l'ascendant du chef, ascendant impersonnel au début et, par suite, de qualité moindre.

En temps de paix, par suite, c'est uniquement par l'ascendant que nous devons obtenir l'obéissance et faire régner la discipline, —ce qui nous est d'autant plus facile que nous avons tout loisir de créer la confiance du soldat en la personne même de son chef et que le dévouement à une personnalité sera plus efficace et plus actif que le dévouement à une généralité.

SAVOIR SE FAIRE OBÉIR

Que l'on ne dise pas : « Ce que l'on attend de nous en campagne
est tout différent de ce qu'on nous demande en temps de paix.
Les ordres à donner ou à exécuter ne se ressemblent pas; les
moyens ne sauraient donc être les mêmes. » Du tout. Savoir
faire exécuter un ordre est tout à fait indépendant de la teneur
de l'ordre. Si le soldat n'obéit que parce que l'ordre est de ceux
qu'il consent à exécuter, il n'obéit pas; ce n'est plus de la discipline, c'est du *marchandage*.

S'il n'obéit que par crainte d'un moyen de répression utilisa-
ble à la caserne, mais non en campagne, il n'obéit pas davantage : il pèse ce qu'il coûte d'obéir, ce qu'il coûte de ne pas obéir
et choisit. Savoir se faire obéir consiste à mettre, par un travail
constant, celui qui doit obéir dans un état d'esprit tel que l'idée
de la désobéissance, ou de la demi-obéissance, ne puisse lui
venir, même une seconde. Et cela est aussi indépendant de la
situation et du moment que de l'objet de l'ordre donné. Celui
qui, un jour, dans un cas particulier, n'obéit pas ou obéit mal,
n'a jamais su, à aucun moment, ce qu'était obéir, et le véritable
coupable est celui qui était chargé de lui enseigner.

PAR QUELS MOYENS SE FAIRE OBÉIR

Les moyens trop faciles d'obtenir une obéissance factice, illusoire, que le règlement a laissés jusqu'ici aux chefs immédiats du soldat ont faussé la doctrine de bon nombre d'entre eux. Que de jeunes gradés, d'ailleurs pleins de zèle et de bonne volonté, se disent : « J'ai été chargé d'une mission. J'ai donné les ordres nécessaires pour l'exécution : donc, j'ai fait acte de discipline. Tel inférieur, X..., ne les a pas exécutés. Je m'en suis aperçu. J'ai fait acte de surveillance. J'ai puni X...; j'ai fait acte d'autorité. Ma conscience est en repos; j'ai fait tout mon devoir. » Vous n'avez rien fait du tout, jeune homme. Vous aviez une mission à remplir, elle ne l'est pas ou elle l'est mal, voilà tout. Vous êtes l'horloger qui, devant livrer une montre marchant bien, s'aperçoit qu'une des roues se refuse à fonctionner. Il la jette et livre la montre qui ne marche pas; ce n'est pas ce qu'on lui demande, et toutes les explications qu'il pourra donner ne feront pas qu'il n'a pas rempli sa mission; à vous comme à lui, il appartient de savoir votre métier pour que tous les rouages nécessaires fonctionnent normalement.

D'autre part, transportez à un fait de guerre le petit raisonnement qui vous suffit en ce moment. Jugez des conséquences possibles de l'inexécution d'un ordre de détail dans une mission dont vous êtes chargé. Les *deux jours avec le motif* qui ont suffi à mettre votre conscience en repos, n'en parlons pas en campagne, n'est-ce pas?

Alors? Vous comptez sur la gravité de la situation pour obtenir plus facilement l'obéissance. Alors, si l'on ne vous obéit que lorsque cela en vaut la peine, vous n'êtes pas un chef. On discute vos ordres et on les exécute si on veut bien. Et puis, croyez-vous bien sincèrement qu'il soit plus aisé d'envoyer des hommes à la mort qu'à l'épluchage des légumes?

Nous sommes d'accord, je crois.

Donc, prenons comme règle de conduite que nous devons commander nos hommes et obtenir l'obéissance immédiate, littérale et sans murmures, en nous privant volontairement de tous les moyens d'action qui nous manqueront en campagne.

Ce sera prudent, même au point de vue très égoïste de chacun, car, le nouveau règlement laissant au seul commandant de compagnie le droit de punir, il est fort probable que les capitaines ne se transformeront pas aisément en distributeurs automatiques de salle de police, fonctionnant à la demande de leurs inférieurs.

Il faut donc, tant dans l'intérêt général que dans un intérêt personnel, que chacun se décide à avoir assez de prestige pour n'avoir besoin de rien d'autre pour assurer chez ses inférieurs la plus rigoureuse discipline.

L'ASCENDANT

Prestige est un grand mot. Napoléon avait du prestige. N'a pas du prestige qui veut. Le mot **ascendant**, d'allure plus modeste, en représente la menue monnaie, celle dont tout chef, si petit soit-il, doit avoir sa part. Doit et peut. Le prestige est de la famille du génie; il est réservé à quelques rares privilégiés, et encore lorsqu'ils se trouvent dans une situation éminente et spéciale. L'ascendant est à la portée de tout le monde. C'est le résultat, combien passionnant, du savoir-faire d'un ouvrier consciencieux et réfléchi. Il suffit d'avoir la ferme volonté d'en posséder, d'étudier à tout moment les moyens d'en acquérir, pour être certain d'arriver à en avoir assez pour l'exercice facile du commandement dans sa sphère d'action. L'ascendant s'obtient par le travail et jamais autrement. Si certains hommes, à des jours donnés, ont eu du prestige, ont entraîné des foules enthousiastes, sans qu'on sache au juste pourquoi, nul n'a jamais eu d'ascendant sans l'avoir mérité. Le prestige ne se conçoit guère sans de beaux chevaux, des uniformes chamarrés, une suite nombreuse et brillante. L'ascendant ne tient à rien qui ressemble à tout ce décor. On a de l'ascendant, même en bras de chemise : beaucoup de petits gradés, voyant un supérieur réussir aisément là où ils ont échoué, s'imaginent volontiers que c'est une affaire de tenue et de galons. Grave erreur qu'il faut détruire. Un homme donne son dévouement à un autre parce qu'il se dit : « celui-là est mon chef, non par la loi, mais parce que je l'en reconnais digne » et non pas parce qu'il a dénombré des insignes sur des vêtements.

Si l'ascendant des officiers est plus grand que celui des gradés inférieurs, ce n'est pas à leur képi que cela tient. Plus expérimentés, sachant mieux la vanité de tout moyen de commandement en dehors de l'ascendant, chacun d'eux cherche à en acquérir et y réussit. L'homme, évidemment, généralise et, d'instinct, est disposé à donner facilement sa bonne volonté à l'officier, non en raison de ses galons, mais parce que l'officier inconnu de lui est une deuxième image vivante de celui qui a su conquérir sa

confiance. S'il en était autrement, les galons ne pourraient repré-
senter pour l'homme qu'une puissance de châtiment. Or, l'adjudant et les officiers de peloton dans l'unité ont les mêmes
droits. Donc, si l'uniforme d'officier confère automatiquement à
celui qui le porte une part d'ascendant, c'est que l'homme, faisant
état de l'officier qu'il connaît, fait crédit à celui qu'il ne connaît pas.

Il faut donc bien persuader à nos sous-officiers qu'il ne tient
qu'à eux d'avoir l'ascendant qu'ils envient : l'ascendant résulte
du jugement porté par l'homme sur son chef, toutes les fois qu'ils
travaillent en commun. Or, les sous-officiers sont en contact
plus permanent avec le soldat que les officiers. Les occasions de
se faire juger sont donc plus nombreuses et la conquête de l'ascendant doit, par suite, comporter moins de temps pour eux que
pour l'officier.

Seulement, il faut qu'ils méritent cet ascendant; ils ne le méri-
teront que par le travail. Il faut qu'à chaque occasion d'exercer
les fonctions de leur grade, ils se disent invariablement : **En ce
moment, je gagne ou je perds de l'ascendant.** Quand on a ce principe présent à l'esprit dans tous les actes de la vie militaire, on
gagne toujours. On ne perd pas volontiers une chose aussi précieuse : ce n'est que par oubli. — N'oublions pas.

Je crois avoir suffisamment montré l'impossibilité de baser la
discipline et l'exercice du commandement sur autre chose que
l'ascendant. C'était le premier point. — L'ascendant est un beau
fruit qui se laisse cueillir par qui s'en donne la peine; il suffit, pour
l'atteindre, de toujours chercher à arriver jusqu'à lui. C'était le
second point.

Les pages qui suivent ont pour but d'attirer l'attention sur un
certain nombre de questions de la vie quotidienne; on y trouvera
l'exposé, justifié le mieux possible, des principes qui doivent guider dans la recherche de l'ascendant. On y verra surtout que
l'ascendant du chef est en jeu presque constamment dans les
actes journaliers et qu'il faut y penser.

UN PEU DE PSYCHOLOGIE

Nous allons faire d'abord un peu de psychologie. Mon Dieu, oui!
Je sais bien que le mot est trop savant, trop énorme, pour une
étude qui, modestement, tient à rester dans le domaine des choses
pratiques. Mais, d'abord, il n'y en a pas d'autre; et puis, il faut
bien se dire que, sans psychologie, il n'y a pas de commandement.
La guerre est un choc de volontés, de forces morales. Il doit nous
être aussi familier de travailler du moral qu'au menuisier de travailler du bois. C'est avec très grande raison qu'aujourd'hui le
programme d'admission aux écoles militaires exige des candidats,
sinon des connaissances philosophiques étendues, du moins une
tournure d'esprit orientée vers l'étude des questions morales,
avec le goût et l'habitude qui permettront, par la suite, un travail fructueux. Si, aujourd'hui, tant de maîtres se plaignent de
leurs domestiques et tant de patrons de leurs ouvriers, cela vient
peut-être, pour une large part, de ce que maîtres et patrons ne
sont pas de bien profonds psychologues. Le niveau moral du
peuple français, en montant, est devenu aussi plus sensible aux
oscillations. Il en est du bien-être moral comme du bien-être
physique; nul ne veut plus du pain noir qui suffisait à nos ancê-
tres; la complaisance des estomacs a diminué; celle des âmes
aussi; la Révolution a détruit l'ancien moyen de commandement,
le principe d'autorité basé sur le droit divin, ou le droit de naissance. L'autorité ne peut plus s'exercer au nom d'un principe
extérieur à celui qui en est l'objet. Il n'y a de droit au commandement que celui qui est librement consenti, avec ou sans l'intervention des rouages sociaux organisés. C'est dans l'âme de
celui qui obéit que réside aujourd'hui le principe d'autorité; c'est
cette âme qu'il faut étudier. Le droit que donnait la naissance,
c'est par la psychologie qu'il faut l'acquérir.

Fort heureusement pour nous, les études psychologiques que
nous avons à faire sont limitées et ne comportent guère de pro-
blèmes bien difficiles. Elles s'exercent sur des cerveaux unifor-
mément du même âge, et de l'âge où ils sont encore facilement

malléables. Faisons donc de la psychologie; c'est un bon place-
ment qui coûte peu et rapporte gros.

Physiquement, les jeunes gens qui nous arrivent sont tous
identiques, avec d'innombrables différences individuelles. Ils ont
tous leurs membres au complet et en bon état; ils sont capables
d'efforts physiques très comparables; mais il y a des grands et
des petits, et il y a des nez de toutes les formes.

Moralement, il en est de même. Leurs âmes ont vingt ans, elles
sont françaises; mais il y a des gens intelligents et d'autres qui
le sont moins, des gens instruits et des illettrés, des énergiques et
des mous, etc. Il y a donc un fonds moral commun et par suite
des règles morales qui s'appliquent à tous. Il y a des différences
morales individuelles, qui nécessitent des différences dans le
mode d'application de ces règles communes.

Et c'est en cela que le commandement n'est pas une science,
mais un **art**. La science n'est qu'une longue suite de vérités immuables enchaînées les unes aux autres par des règles fixes. Le
savant est un être anonyme qui ne laisse pas sur la vérité nouvelle, découverte par lui, l'empreinte de sa personnalité. L'art,
au contraire, repose sur une base étroite et fragile de quelques
principes généraux et variables, et ce n'est que par le génie, le
talent, ou le savoir-faire de l'artiste qu'il s'épanouit.

De quelques hommes, réunis par le hasard, faire une troupe,
est faire œuvre d'art. L'étude psychologique des caractères com-
muns à tous ces hommes nous fournira les directrices générales,
les principes fondamentaux de cet art. Ce n'est que par l'étude
psychologique personnelle de chaque individualité qu'on acquiert,
peu à peu, le doigté spécial, le tour de main particulier qui caractérise l'artiste.

Comment faut-il orienter cette double étude, qui ne se fait
pas une fois pour toutes, mais qui est continue? C'est ce que nous
allons essayer d'étudier.

NOS CONSCRITS

N'en déplaise à quelques vieilles personnes qui croient qu'il n'y a plus de jeunesse en France, parce que la leur est passée, nos conscrits, avant leur arrivée au régiment, sont jeunes, doublement jeunes, par leur âge et par leur race. La vieille race française est la plus jeune du monde. Paris est la capitale, éternellement jeune, de tous ceux qui tiennent à leur jeunesse ou la regrettent, c'est-à-dire du monde entier. Nos conscrits sont plus jeunes que partout ailleurs. A double titre, ils sont gais, bons vivants, pleins de feu, prompts à l'enthousiasme, proie facile à la désillusion; ils aiment les beaux parleurs, ils détestent les pédants. Ils sont vantards, — un peu, — beaucoup. Leur amour-propre est démesuré; ils aiment poser pour la galerie et tel, en paradant dans son milieu, devint un gredin qui, ailleurs, fût devenu un héros. Ils sont frondeurs, ils aiment « blaguer » l'autorité; mais il leur faut une idole, soit pour l'adorer, soit pour la brûler; ils sont chauvins, — ou anarchistes, suivant la mode, l'inspiration, ou le « chic » de celui qui a parlé le dernier. Ils sont tout emballement; il leur faut crier : « Vive quelque chose! » N'importe quoi, pourvu qu'ils aient un but quelconque à un enthousiasme qui déborde et qu'il faut canaliser. Ils ont un vif sentiment de leur personnalité, cette personnalité que les Allemands ont cru nous prendre en nous prenant le mot. Ils sont, par suite, très épris de justice, au moins de ce qui les touche. Écoutez les enfants dans les rues : « C'est pas juste! » La justice a coûté cher au peuple français, don Quichotte de l'univers. Ils sont blasés sur tout, quoique les plus badauds et de sentimentalité la plus aiguë qu'on puisse trouver. Ils sont jeunes, terriblement jeunes, encombrants et sans pitié, — au demeurant la matière à soldats que le monde n'a cessé de nous envier, celle qui, lorsque nous ne savons pas lui donner Austerlitz, nous donne, elle, les carrés de Waterloo et les cuirassiers de Reichshoffen!

Je prie en grâce le lecteur de ne pas avoir l'idée de comparer cette esquisse du caractère français avec les tableaux de maître

qui en ont été faits cent fois. Je ne fais pas de littérature, je travaille; on ne fait pas de poésie, les mains noires du travail quotidien. L'âme française est la matière sur laquelle, chefs de tout
ordre, nous peinons laborieusement. Étudions-la pour mieux la
connaître, pour la connaître, non en amateurs, mais en profes-
sionnels : notre besogne quotidienne sera meilleure.

Ce que sont nos *conscrits* n'est pas du tout ce que sont nos
recrues le jour de l'arrivée à la caserne, et encore moins les jours
suivants. Le jour où le jeune Français quitte sa famille, son travail et rejoint son corps est un jour qui marque dans sa vie; il
ne se rend pas compte exactement, mais il sent, confusément,
qu'il tourne la dernière page du premier chapitre de sa vie et
commence le chapitre suivant. Il est bien trop sceptique, bla-
gueur, poseur et blasé pour en convenir; on noie tout cela sous
des flots de paroles, d'excitation factice, d'alcool aussi, hélas!

Quand on se rend à la caserne, on n'est pas seul. *Faire son service, bah ! ça nous connaît ! On aura la graisse, on n'aura pas la
peau ! Vive la classe !* etc., etc. Chacun cambre le torse devant les
autres, chacun frise sa moustache (ou ce qui en tient lieu), d'un
air conquérant, et chacun a une *frousse* énorme de l'inconnu où
la loi l'oblige à entrer. Ne jugeons pas nos jeunes soldats sur ce
qu'ils nous paraissent le jour de leur arrivée. Je dirais presque :
ne les regardons pas. Ce jour-là, ce n'est pas leur âme que nous
pourrions voir, c'est une âme qui, tant volontairement qu'invo-
lontairement, n'est pas la leur. C'est une eau qui, limpide naguère,
sera transparente dans quelques jours : aujourd'hui, elle est trouble : c'est un jour d'orage. Il faut la laisser reposer. Les phéno-
mènes psychiques de ce jour-là sont d'une complexité qui déroute
toute science et toute étude. Les timides sont des conquérants,
et les diables de petits saints. Tel arrive ivre qui n'a jamais bu
et ne boira plus jamais. Tel autre, ivrogne endurci, se présente
bien d'aplomb. Laissons faire, laissons aller. Notre science est
impuissante. Le jour où arrivent nos jeunes soldats, considérons
que c'est un troupeau humain dont nous n'avons à assurer qu'un
bien-être matériel suffisant. La soupe, un lit et bonsoir.

LE ROLE DU CHEF
PENDANT LES PREMIERS JOURS

Cependant, de ce qu'aucune action morale individuelle n'est possible sur ces hommes à l'âme troublée, il ne s'ensuit pas qu'il n'y ait pas d'influence collective possible. Elle peut se résumer d'un mot : le calme. Faisons la réaction salutaire à ce flot de gens surexcités : montrons-leur une caserne paisible; nous dégonflerons d'un coup d'épingle leur excitation exagérée et pas très saine. Il n'y a aujourd'hui qu'une chose qui importe : faire que, le plus tôt possible, chaque élément de cette foule bruyante retrouve son individualité, ne serait-ce que pour détruire cette atmosphère nuageuse et factice où l'homme ne laisse voir de lui qu'une façade mensongère et nous permettre de travailler sans retard sur l'être réel.

Le calme ! Ce n'est rien de le souhaiter, il faut le réaliser. Faire que la caserne soit calme le jour de l'arrivée des *bleus* n'est pas le résultat d'un ordre du ministre, mais bien de la bonne volonté active de tous ceux qui y sont présents. — Je dis « active » car ce jour-là est un *coup de feu* au quartier. Tout le monde est sur les dents pour assurer le nécessaire à chacun; on ne se connaît pas; on se cherche; des *pays* se retrouvent; on parle, on parle! Les *anciens* font les malins devant les *bleus*, veulent leur apprendre le métier en dix minutes et les emmener à la cantine en cinq. Le chef de chambrée ne sait plus à qui entendre; le sous-officier veut faire de l'autorité; le « chef » des papiers, et l'adjudant hurle pour avoir du silence. — Eh bien ! tout cela se prévoit. Le calme ne s'établit pas en disant : *je donne l'ordre qu'on soit calme*. Non. Il faut d'abord que chacun, dans la compagnie, l'escadron ou la batterie, soit là où il doit être et que, à quelque degré hiérarchique qu'il se trouve, il donne l'exemple personnel d'un calme imperturbable. Ensuite, que les attributions de chacun soient parfaitement, régulièrement fixées, que chacun s'y conforme et obtienne de chacun de ses inférieurs qu'il s'y conforme de même. Le calme est affaire d'organisation et l'on reconnaît qu'une machine est bien construite, bien agencée, à ce qu'elle marche sans bruit. Le silence s'obtient, non par un décret, mais par le travail; le jour où arrivent les recrues, elles doivent entrer dans l'organisme militaire sans que la machine s'emballe, s'arrête ou ait des caprices : il faut la régler à l'avance pour y arriver.

Que chacun, dans sa sphère d'action, y pense, et le problème sera résolu.

———

L'ACCLIMATEMENT

Tous ces jeunes gens qui arrivent viennent d'être brusquement transplantés du milieu familial et familier dans un milieu tout nouveau, inconnu. Comme pour ces jeunes arbres transportés de la pépinière dans le jardin, avant de songer à les greffer, à les travailler, il faut tout d'abord leur laisser reprendre racine, et s'acclimater. Tout est nouveau pour eux, le pays, l'habitation, la nourriture, le lit, la vie en commun. A l'exubérance de l'arrivée, à peine la porte de la caserne franchie, succède sans transition une période d'hébétement. Elle est plus ou moins longue suivant le tempérament de chacun, mais aucun n'y échappe. Pendant quelques jours, toute action est vaine; les yeux ne voient pas, les oreilles n'entendent pas, les cerveaux ne comprennent pas. Entourons donc ces âmes désorientées de calme et de silence, et ne craignons pas l'ennui, provisoirement du moins; il y a trop de nouveautés pour que l'ennui soit possible et c'est l'excès même de ces nouveautés qui est la cause du trouble des sens et des esprits. Parlons-leur peu, juste ce qui est indispensable, parlons-leur très doucement et qu'à côté de nous, le sous-officier de semaine ne pousse pas des cris effroyables pour rassembler une corvée. Que les gradés, les anciens, leur expliquent paisiblement, sans se presser, sans élever la voix, juste ce qui est nécessaire pour leur installation matérielle, qu'il faut soigner, pour que, le plus tôt possible, l'homme soit pris par une sensation de bien-être qui dissipera son émoi et ses craintes. Ne craignons pas de choyer les *bleus* à l'égal au moins de ce qu'on les brimait autrefois. La pratique, généralisée, d'une fête des jeunes soldats, quelques jours après leur arrivée, est excellente à tous points de vue; elle peut marquer le terme de cette première période d'acclimatement physique inévitable. Anciens et jeunes commencent à se connaître; la glace est rompue entre voisins de lit et voisins de table; une bonne journée de distractions par là-dessus et tout est dit.

Mettons-nous maintenant sérieusement au travail.

PREMIERS JOURS D'ACTIVITÉ

L'effarement a disparu des visages; et, si gauches que puissent être nos jeunes gens, ils répondent maintenant lorsqu'on les interroge; c'est quelque chose, car si, jusqu'ici, nous n'avions rien de mieux à faire qu'à éviter le bruit et les paroles inutiles, maintenant, il va falloir parler, parler beaucoup, à tous ensemble et à chacun en particulier. Il va falloir de l'entrain, du mouvement, et surtout une inaltérable belle humeur. Ne laissons plus une seconde un homme, assis mélancoliquement sur son lit, contempler, sans la voir, la planche à bagages d'en face. L'intelligence est revenue, avec la mémoire, la réflexion et le jugement, et dame! nous avons à soutenir la comparaison entre la vie passée de l'homme, qu'il avait choisie, et la vie présente que nous lui imposons. Si nous voulons que l'homme n'ait pas de regrets exagérés, qu'il se donne franchement, corps et âme, à cette vie nouvelle, il nous faut faire un effort, faire que cette vie soit agréable, et surtout assez occupée pour ne pas laisser le temps des profondes méditations. Que nos jeunes gens travaillent, que ce travail soit varié, intéressant, qu'ils jouent, causent, s'amusent et rient, mais qu'ils ne pensent pas! Celui qui s'isole des camarades et ne prend pas part à leurs jeux est un déserteur en herbe. Je lui préfère la forte tête, le beau parleur pour réunions publiques, gens que je ne tarderai pas à connaître et qu'il est enfantin de retourner comme un gant. Mais le rêveur solitaire est autrement difficile à traiter : il a l'obsession de la seule chose qu'il ne soit pas en notre pouvoir de lui rendre : son foyer, sa vie normale. Chez tous les autres, il y a une corde à faire vibrer — l'amour-propre, la vanité, l'ambition, — qu'on trouve facilement, dont il est aisé de jouer. Chez celui-là, rien ne vibre. Il s'entête doucement dans une idée fixe; qui essaie de l'en distraire devient un ennemi. C'est un cas qui demande beaucoup de doigté, celui que l'officier doit discercerner avant tout, et, s'il veut arriver à la guérison, il lui faut intervenir personnellement, sans retard et sans discontinuité. Heureusement, le cas est rare; il est toujours grave.

Donc, pendant cette période, occupons nos soldats, amusons-les, et que tout ce monde jase et pépie comme une bande de moineaux; distinguons seulement celui qui n'est pas à l'unisson et poussons-le pour l'y mettre sans retard. Que chacun se porte bien, mange bien, dorme bien et prenne la vie du bon côté et, pour le moment, ce sera parfait.

OCCUPATIONS ET DISTRACTIONS

Il n'est pas discutable que les premiers jours de service militaire sont de ceux qui marquent dans la vie d'un homme; ils laissent dans la mémoire une trace indélébile; ils décident quelquefois d'une carrière et, presque toujours, de ce que sera le soldat pendant tout le reste de son service. Il était facile de dire le but à atteindre : faire qu'ils soient agréables, laissent une bonne impression et orientent l'homme dans la bonne voie. Leur importance est assez grande pour que nous nous arrêtions un moment sur les moyens à employer, ou tout au moins que nous distinguions ceux qui sont certainement b s de ceux qui sont sûrement mauvais. Le reste est affaire de détails, de circonstances, de temps, de lieu, de recrutement, et surtout d'initiative personnelle.

Il faut occuper nos jeunes soldats et les distraire. Les occuper à quoi? Les distraire comment?

Les occuper semble facile. Ils ont tout à apprendre. Il n'empêche qu'il faut commencer par un bout et ne pas marcher sans savoir où l'on va. On peut très bien remplir une journée d'occupations utiles, contenant les enseignements de début, et que cette journée soit parfaitement illogique, faute d'une idée maîtresse qu'on n'aura pas cherché à y introduire.

Les deux idées qui doivent nous guider dès le début sont celles de souplesse et de cohésion; d'abord, parce qu'elles représentent les deux qualités maîtresses d'une troupe, que nous aurons à les développer sans cesse, et que, par suite, on ne saurait s'y prendre de trop bonne heure, — et ensuite parce que, dès que nous aurons donné, dans une mesure suffisante, ces qualités à nos jeunes soldats, le reste ne sera qu'un jeu.

La souplesse s'étend à tous les degrés et à toutes les faces du *métier*. Il nous faut partout de la souplesse; souplesse physique, — morale, — individuelle, — collective.

duels vers une action commune. Nous l'avons vu au début, dans l'armée moderne, elle puise son origine dans l'amour commun de la patrie.

Des gens souples, physiquement et moralement, unis entre eux et à leurs chefs par des liens souples et indestructibles, voilà ce que nous voulons obtenir et ce que nous chercherons dès le premier jour.

Descendons dans le domaine des choses pratiques; nous voilà dans la cour avec nos jeunes gens; allons-nous leur parler de souplesse, de cohésion, d'amour de la patrie même? Mais non, bien entendu. Dans notre toute petite zone, tout cela va se résoudre en choses menues et très simples.

Souplesse physique : des exercices de gymnastique très simples, que nous choisirons intéressants, que nous varierons le plus possible; des jeux où l'on court, où l'on saute, où l'on grimpe; il n'en manque pas.

Souplesse morale : exécution d'ordres très simples, faciles à comprendre, variés, inattendus; ceux-là même qui nous donneront en même temps la souplesse physique.

Cohésion : ce ne sera encore que de la camaraderie; faire qu'on s'entr'aide au cours des exercices physiques, pour s'équiper, etc., qu'on prenne ensemble les bons et les mauvais moments, qu'on apprenne à se connaître les uns les autres et à se sentir les coudes.

Par là-dessus, beaucoup de bonne humeur, de gaieté même, de notre part. Enveloppons le devoir, qui est un mot bien austère, dans beaucoup d'entrain et de joie de vivre; ce sera la confiture qui fait passer la pilule sans qu'on y pense. Ne disons rien de ce devoir; accomplissons-le nous-même si aisément, de si bon cœur, qu'on ne puisse faire autrement que de nous imiter; pas de tirade sur l'amour de la patrie; c'est très difficile à réussir, il faut la circonstance, l'occasion, et le moment est bien mauvais pour cela. Servons-la, notre patrie, avec une joie communicative : ce sera la meilleure manière de la faire servir et de la faire aimer.

CE QU'IL FAUT FAIRE
ET CE QU'IL FAUT NE PAS FAIRE

Ce n'est pas assez de penser à ce qu'il faut faire, il faut penser aussi à ce qu'il faut éviter, interdire au besoin.

Trop souvent, de jeunes gradés, pleins de zèle, bourrent leurs jeunes gens de nourritures indigestes. Qui n'a entendu, dès les premiers jours, ces interminables théories sur l'organisation, sur les insignes des grades, sur l'arme etc. Le gradé, dont les connaissances sont toutes fraîches, tient à les montrer. Il jongle avec les escouades, les sections, les pelotons, etc. Il y en a deux, il y en a seize, il y en a quatre, etc. Et le lieutenant-colonel qui a des galons en or, d'autres en argent, on ne sait jamais combien de chaque. Et le fusil qui se divise en six, se démonte en neuf pendant que la culasse se divise, elle, en neuf pour se démonter en sept! Et les innombrables recommandations, défenses, prescriptions de toute nature! Rien de tout cela n'entre, ni ne peut entrer dans ces cervelles, du moins en ce moment et d'un seul coup. Le gradé croit à la fois instruire et éblouir; il ennuie et décourage.

Donc, pas de chiffres, de noms, de prescriptions autres que ce qui est strictement indispensable dès le début. Quand l'homme connaît son caporal, cela suffit pour quelque temps. Petit à petit, il connaîtra tous ses chefs directs et par suite les insignes des gradés. Enfin, toutes ces connaissances élémentaires s'enseigneront bien mieux par la causerie, pendant les repos, que dans des théories formalistes.

Car il faut parler, beaucoup, et ne jamais *pontifier*. La conversation, très simple, très bon enfant, à la portée de l'homme, brève ou longue, mais fréquente, vivante, est indispensable. Elle attire l'homme à nous autant que le ton dogmatique l'en éloigne. Elle oblige l'homme à formuler sa pensée, à s'exprimer correctement et convenablement. Elle est le moyen d'enseignement le plus fécond que l'on puisse trouver, celui où l'élève sait

qu'il a le droit d'interroger le maître et de demander le complé-
ment d'explications nécessaires; celui où, toute barrière baissée,
les intelligences sont en contact direct et se pénètrent; ne craignons pas, bien loin de là, d'y perdre une parcelle de notre
ascendant. Notre supériorité ne sera réelle, efficace et agissante
que lorsqu'elle ne sera plus imposée, mais reconnue. Descendons
bravement, confiants en notre valeur, du piédestal que nous
donne la situation officielle et qui est en carton; c'est du provi-
soire. Allons au cœur de nos hommes; ils nous en élèveront un
en granit.

IL FAUT REMPLIR LA JOURNÉE DE TRAVAIL
AGRÉABLE ET DE DISTRACTIONS SAINES

Faut-il maintenant, parler des distractions que doit comporter la journée du jeune soldat? N'avons-nous pas, maintenant, cette impression que c'est le travail lui-même qui doit être conduit et présenté de telle sorte qu'il constitue la meilleure distraction de la journée. Tout ce travail d'assouplissement physique ne sera utile que si une atmosphère de bien-être et de plaisir l'entoure, facilitant le jeu des muscles, faisant fournir l'effort de bonne grâce et sans regret. Toutes ces théories ne seront profitables que si elles se résolvent en enseignements verbaux où l'homme est heureux de s'instruire. Il est très facile de faire que les heures réglementaires de travail ne représentent pas une fastidieuse corvée, mais une occupation normale, accomplie sans regrets, avec plaisir même. Eh bien, que l'on fasse de même pour toutes les autres besognes. Qu'est-il besoin de prendre un air tragique ou résigné pour éplucher les pommes de terre ou balayer la chambre? Répandons de la bonne humeur à flots sur toutes ces occupations discréditées, mais indispensables. La journée passera vite et bien.

Quant aux distractions proprement dites, il n'en faut pas tant. Laissons autant que possible dans la journée quelques moments libres, entièrement à la disposition de l'homme, où il puisse respirer un peu, se reposer s'il en a besoin, écrire aux siens, fumer une pipe en paix, où il ne soit pas sous l'œil d'un supérieur, si bienveillant soit-il, où il se rende compte qu'il n'est pas une goutte d'eau dans la mer, où il puisse reprendre contact avec lui-même, et ressaisir son individualité. Courts, ces moments! car ne laissons pas place à l'oisiveté, encore moins à la rêverie.

Il y a enfin ces heures dangereuses, utiles pourtant, de liberté complète, le soir avant l'appel; ces heures où il faut sortir, puisqu'on en a le droit; où, sorti, on ne sait où aller, et qui, finalement, se passent au cabaret, faute de mieux. Il faut obtenir que nos jeunes gens, après avoir vu ce que la ville pouvait leur offrir de distractions, préfèrent d'eux-mêmes rester tranquillement au quartier. Et, pour cela, il faut bien peu. D'abord, si la caserne n'est pas ennuyeuse dans la journée, elle ne sera pas redoutée le soir. Il suffit qu'elle offre, pas même une raison, mais un prétexte de rester, que ceux qui ne sortent que par entraînement puissent tout au moins saisir. La bibliothèque, le cercle des soldats, n'attirent guère que quelques-uns, gens sérieux et paisibles. Il faut autre chose; il faut donner un but à l'activité des uns et des autres. L'organisation d'équipes de jeux de plein air est excellente, car si on n'y joue pas le soir dans les chambres, on en parle; on combine la partie prochaine, on discute la dernière, on a un sujet de conversation. Il en est de même de soirées récréatives qui habituellement tournent à la pure et simple audition de chansons; il n'importe; les uns sont régisseurs, les autres chanteurs, celui-ci répète des tours d'adresse et celui-là une pitrerie quelconque; tout cela occupe; on travaille une semaine à préparer une soirée; pendant ce temps-là, le cabaret n'a pas d'amateurs. Le café, que l'on fait dans la chambre sur le poêle, que l'on déguste en commun dans les quarts, est excellent. C'est une occasion de ne pas sortir. En combinant tout cela, en mettant discrètement en route toutes ces distractions, sans se montrer, sans les prôner, en faisant qu'elles ne soient qu'une habitude volontaire, on remplit ces veillées du soir dont tous nos gens de campagnes ont besoin, au· coin de leur feu. L'homme prend goût à rester avec ses camarades et il ne contracte pas ou perd l'habitude du cabaret.

Rien de tout cela n'est difficile; il suffit d'y penser sérieusement et de chercher les moyens pratiques de réalisation sans se laisser envahir par l'inertie, ni décourager par les difficultés; c'est d'ailleurs un travail qui porte en lui sa récompense : lorsque nos hommes envisagent sans crainte leur séjour parmi nous, lorsqu'ils oublient de compter les jours qui les séparent de « la classe », notre devoir professionnel est facilité au point que les obligations qui nous en restent se rempliront pour ainsi dire d'elles-mêmes, par la suite naturelle des choses. Quelle peine a-t-on à enseigner à des gens heureux et avides de s'instruire?

LA CONQUÊTE DU SOLDAT

Jusqu'ici, nous n'avons fait, moralement, que de la grosse besogne. Nous avons pris un troupeau humain, nous lui avons montré sa nouvelle demeure, nous l'y avons installé de notre mieux, en évitant de l'effaroucher d'abord, et plus tard en nous ingéniant à l'acclimater. Maintenant, notre troupeau est casé, mais nous ne le connaissons pas et il ne nous connaît guère. N'oublions pas que, plus ardemment que nous-mêmes encore, il aspire à faire connaissance : on n'aime pas se soumettre à un inconnu.

Bien entendu, ces sortes de périodes, qu'il faut bien distinguer dans un travail théorique, n'existent guère en réalité. Elles se fondent les unes dans les autres, en pratique, et ne sont susceptibles d'aucune *progression* établie à l'avance.

La cohésion résulte d'un commun dévouement à la patrie et, pratiquement, aux chefs qui ont l'honneur d'être ses agents. Du plus humble caporal au chef de l'État, tout chef militaire est le représentant vivant de la patrie; il est le drapeau qui parle et qui agit; être dévoué à ses chefs, à son drapeau ou à sa patrie ne fait qu'un.

Conquérir nos hommes, c'est les conquérir à la patrie, c'est développer en eux cet amour de la patrie qui est la base morale essentielle de notre armée nationale; c'est le plus strict et le plus impérieux de nos devoirs.

L'ÉDUCATION MORALE

On a tant parlé de l'éducation morale, qu'on ne pourrait plus
songer à traiter un pareil sujet, s'il n'était inépuisable. D'innombrables petits volumes ont paru sous toutes les formes :
questionnaires, recueils de conférences, que sais-je? Il n'y a pas,
il ne peut pas y avoir de *Traité* d'éducation morale, ou, du
moins, ce traité pourra se borner à ces seuls mots : « Faites la
conquête de vos hommes. » On peut concevoir un traité de
géométrie, sans penser à aucun mathématicien. On ne peut concevoir l'éducation militaire sans l'éducateur; elle est l'émanation
du chef, elle est son action personnelle, elle n'existe pas sans lui.

Inspirer l'amour de la patrie, donner à sa troupe de la cohésion,
faire l'éducation morale du soldat, obtenir le dévouement profond
de ceux qui doivent nous suivre, tout cela, c'est une seule et
même chose, et c'est la grandeur du chef que sa personne même
soit l'incarnation de la force morale qui donne la victoire.

Revenons à la caserne où ne manquent pas les jeunes gens
capables d'instruire les recrues, mais un peu embarrassés quand
on leur parle d'éducation, comme si les deux choses n'allaient
pas de pair. Un instructeur haï est un chef impossible; quand
se fera l'éducation si ce n'est dans l'exercice normal du commandement? Nul ne doit reculer devant le mot « éducation »
sous peine de n'être pas un chef.

PREMIERS SOINS D'HYGIÈNE MORALE

L'ANTIMILITARISME

Cette éducation, nous l'avons commencée dès les premiers jours, préparée tout au moins, rendue possible et facile en faisant à nos *bleus* le meilleur accueil que nous avons pu, en leur facilitant des débuts nécessairement pénibles. Nous avons débroussaillé pour voir le terrain que nous avons à travailler; il va maintenant falloir arracher les mauvaises herbes, faire pousser la bonne graine que nous trouverons fort heureusement en abondance, en semer là où elle manquera. Avec un peu de travail et d'attention, du terrain inculte nous ferons peu à peu un jardin bien entretenu.

Arracher la mauvaise herbe; il y en a bien peu, elle n'a pas de racines bien profondes, et malgré son nom, effroi des pusillanimes, il faut être bien mauvais jardinier pour ne pas s'en débarrasser facilement, vite et définitivement. L'antimilitarisme! sorte de bête terrifiante de l'Apocalypse qui doit tout dévorer, mais qui ne se nourrit guère que de ce que nous lui laissons prendre, et qu'il est aisé de réduire par la famine. Si nous avons seulement reçu nos jeunes soldats comme je l'ai dit jusqu'ici, la bête est bien malade. Elle n'a pas trouvé de quoi se mettre sous la dent.

Et puis, vraiment, ayons confiance en notre race, qui est la nôtre, celle de nos soldats; de ses pas de géant, pendant des siècles, le soldat français a tant ébranlé le monde, que le sol en tremble encore et que notre vainqueur d'hier n'ose croire à sa victoire définitive. Badauds de carrefour, gobeurs de boniments, nous le sommes, oui, comme l'étaient nos pères; mais ils étaient aussi de rudes soldats, et nous sommes leurs fils. Que m'importe la harangue incendiaire faite hier à mes conscrits, pétrifiés d'admiration devant le monsieur qui parle si bien! Beau parleur qui a dû son succès éphémère à ce qu'il a parlé le dernier; mais les conscrits qui l'ont écouté sont mes soldats maintenant, et à moi la parole! Le beau parleur ne l'aura plus, et, s'il la reprend un jour, il se fera huer : j'en réponds.

Mais parlons et agissons. L'antimilitarisme, cela se passe en contrebande; nous n'avons rien à cacher, nous. Nous n'avons pas à rougir de la marchandise de mauvais aloi que d'autres écoulent en cachette, — ni à la craindre,— mais à la démasquer, à la montrer au grand jour : le soleil est son ennemi. — Une toute petite anecdote en passant. — Un jour, un officier entend, dans l'escalier, le chant de l'*Internationale*. Il se penche, regarde, reconnaît le chanteur. Appelons-le Paul. Que faire? La question n'est pas neuve, et parmi les solutions, il y en a beaucoup de mauvaises. L'officier ne bronche pas, va tranquillement au travail qui l'appelait, puis fait rassembler au réfectoire. Là, il prend la parole, parle du travail quotidien, de choses et autres, toutes occupations normales et familières. Puis, sur un ton badin, dit : « Maintenant que nous avons bien travaillé, un petit intermède comique. Ça vous va, les enfants? Nous allons tous rire et ça ne nous coûtera pas cher. » A cette annonce, bonne humeur générale, de confiance. — « Voyons, Paul, montez donc sur ce banc, là, qu'on vous voie bien. Vous chantez fort bien, n'est-ce pas?... Si, si, ne vous défendez pas; un peu de bonne volonté, que diable! Chantez-nous donc votre petite machine de tout à l'heure; mais oui, vous savez bien, dans l'escalier. Vous ne savez pas?... je vais vous aider, d'après ce que j'ai entendu, quelque chose comme : « C'est la lutte finale! » Allons, marchez!... » Et les rires d'éclater et de redoubler devant la mine piteuse du chanteur, qui fut tout aise de pouvoir enfin descendre de son piédestal et disparaître dans la foule, en soulevant de nouveaux éclats de rire sur son passage.

Ce fut fini, et je vous assure que le succès de cette chanson-là n'exigea pas par la suite de nouvelle audition.

Ceci est un petit exemple; on pourrait en citer d'autres; aucun n'est à prendre comme modèle ni comme règle; tout dépend des circonstances. En l'occurrence, ni une punition régulière, ni des reproches, ni une austère théorie, n'eussent tué la chanson aussi sûrement que le ridicule. Un autre jour, autre part, ce sera quelque chose d'autre à trouver, ce n'est jamais difficile.

Ne feignons donc pas d'ignorer la propagande antimilitariste :
ce serait faire croire qu'elle nous intimide, et quand nous nous
trouvons en face d'une de ses manifestations, faisons le grand
jour et, publiquement, en pleine lumière, vidons la question :
nous avons tous les atouts en main, pourquoi ne pas jouer la
partie?

En dehors des occasions qui peuvent se présenter, ne craignons
pas de répondre à ce que nos hommes ont pu entendre avant
d'être entre nos mains. Inutile d'ailleurs de p: endre la chose au
tragique et de traiter de puissance à puissance avec un ennemi
méprisable et, somme toute, peu dangereux, malgré ses rodo-
montades. Inutile surtout de faire des conférences spéciales.
Non, rien de tout cela. Il suffit bien, en passant, de souligner
l'importance actuelle du devoir militaire; de montrer que nos
voisins arment, et que, s'ils ne se jettent pas sur le riche pays
de France, c'est qu'ils ont peur de se faire frotter les oreilles;
de dire ce qu'est la patrie, ce que lui doit le plus humble de ses
enfants; de faire sentir ce qu'est le « mal du pays » pour qui est
loin de sa patrie, ce dont les soldats peuvent juger d'après l'ennui
qu'ils éprouvent d'être à quelques lieues de leur clocher; de citer
quelques anecdotes de la dernière guerre, et d'ajouter que ceux
qui nient la patrie et le devoir militaire sont non seulement des
ingrats et des criminels, mais surtout des imbéciles. Pour peu
que le soldat éprouve déjà un peu d'affection et d'estime pour
le chef, il ne courra pas le risque d'être classé parmi ceux que
ce chef qualifie d'imbéciles.

Il y a mille petits procédés de ce genre; quelques mots, lorsque
le sujet s'y prête, mots qui frappent, variables suivant le moment, suivant le tempérament du chef et l'ambiance, plutôt
qu'une campagne en règle, comme celle contre l'alcoolisme, par
exemple. — De temps à autre, un coup de pied, bien appliqué, à
ce sale chien qui nous aboie dans les jambes, dont nous ne craignons rien, mais qui nous ennuie de ses jappements : cela suffira
amplement pour qu'il n'y revienne plus.

Ce petit système suffit largement pour écarter toute contagion
des gens restés sains. Il arrive quelquefois, très rarement, que
l'on a à soigner un contaminé, l'un de ces gamins dont on vous

dit à l'oreille : « Méfiez-vous; je vous préviens; celui-là est un
correspondant, ou un rédacteur, — ou autre chose— de quelque
feuille. » S'il y a une cure facile, amusante même, c'est bien
celle-là. Des militants de vingt ans, qui ne savent pas de quoi
ils parlent, c'est un plaisir d'en avoir! — Que sont-ils? de petits
jeunes gens, ayant une certaine instruction, de l'intelligence, un
peu de bagout, beaucoup de vanité, le besoin de se produire, de
sortir de la foule et de monter sur l'estrade; c'est exactement
ce qu'il nous faut pour faire un excellent soldat : il n'y a qu'à les
retourner et c'est un enfantillage; on réussit à tout coup. D'abord,
le petit monsieur qui faisait le malin, il y a un mois, dans son
milieu, a commencé par se débarrasser, en franchissant la porte,
de tous propos et de tous fatras compromettants. Il s'est dit
que le public n'était pas bon et il ne tient pas trop à une répu-
tation qu'il sent gênante, tout au moins jusqu'à plus ample
informé. Il se tient coi, mais évidemment, il observe. Si, par
hasard, il trouve une circonstance qui lui permette de placer
quelques formules bien tournées devant un auditoire momenta-
nément favorable, il ne laissera pas échapper cette occasion de
parader. Mais tout ce que nous avons dit jusqu'ici sur les premiers jours de service du jeune soldat n'est pas de nature à
favoriser son jeu : notre orateur ne trouvera pas le bon moment.
Il se rendra bientôt compte qu'il n'y a « rien à faire ». D'autre
part, peu désireux d'attirer l'attention sur lui, au moins dans
le mauvais sens, il s'est très bien conduit, — toujours, — il a
fait du zèle, — visible, sinon bien sincère. Il joue la comédie du
bon soldat; eh bien, sans avoir l'air d'y toucher, comprenons-le
toujours dans les petits éloges et dans les paroles d'encouragement que nous devons distribuer aux bons : sa vanité sera
agréablement chatouillée d'être distingué par le chef, de ne pas
être, pour lui, dans la masse anonyme. Il continuera sa comédie;
nous aussi; il va finir par être dans les meilleurs. Il a besoin
d'une petite faveur; mais avec plaisir, les faveurs sont pour les
bons soldats, et il en est. — Le voilà pris; devant les camarades,
poser à l'antimilitariste est devenu impossible : ils riraient trop.
Renoncer aux agréments que procure le métier de bon soldat,
pour risquer de gros ennuis, en faveur d'une cause qui ne peut

avoir de succès ici, et qui, ma foi, n'est peut-être pas aussi bonne
qu'il le pensait : voilà les bourreaux que l'on croyait trouver
qui sont de fort honnêtes gens, qui vous comblent d'attentions!
Et puis, on est descendu, nécessairement, de la tribune de la
révolte, mais voilà qu'on est sur les degrés de la tribune opposée.
Un petit effort, on y est. L'homme qui a vingt ans et de la
vanité, s'est pris à son jeu, fatalement. Neuf fois sur dix, il fera
plus tard un gradé, un excellent, et la sincérité lui viendra avant
les galons; lorsque nous le libérerons, l'antimilitariste sera mort
et bien mort. Lorsqu'il viendra nous tendre la main pour l'adieu,
nous pourrons la serrer sans arrière-pensée et, de lui-même,
avant de partir, il nous fera sa confession pour soulager son
cœur de fidèle soldat. C'est une histoire vécue cent fois.

Rien de tout cela n'est difficile et je n'ai nullement la pensée
de faire de la réclame pour aucun procédé. En matière de commandement et de discipline, tout dépend du chef, de son tempérament, de sa tournure d'esprit. Tel procédé, excellent pour
l'un, est désastreux pour l'autre. Toute solution est bonne : il y
en a une mauvaise, une seule : c'est celle qui consiste à ignorer
qu'il y a un problème à résoudre. Rarement par paresse d'esprit,
souvent par inexpérience, le jeune chef, quel qu'il soit, laisse
absorber la question morale par les occupations matérielles. Je
le convie à la recherche du problème, pas plus. Lorsqu'il l'aura
trouvé, la solution viendra d'elle-même, et sera parfaite, parce
qu'elle sera la sienne, et tout est là.

LES « FORTES TÊTES »

Dans le carré de terrain, — plus ou moins grand, peu importe — que nous avons à cultiver, nous n'avons pas encore arraché toutes les mauvaises herbes. En raison de son nom ronflant, nous avons fait, à celle qui s'appelle : l'antimilitarisme, l'honneur de commencer par elle; il en est d'autres, plus tenaces.

En dehors de toute *conviction* et sans faire aucun appel à des *principes*, il y a des gens qui refusent l'obéissance, sans raison; ils l'ont refusée à leurs parents, à leur patron; ils continuent. Ce sont les *fortes têtes*.

C'est là où le médecin des âmes, que nous devons être, doit se pencher attentivement sur le malade et où il faut étudier de près; il est des cas incurables et désespérés, fort rares, mais il en est : cela vaut la peine d'y regarder, avant de renoncer à la guérison.

La *forte tête*, c'est l'âne qui ne veut pas franchir le ruisseau. Il faut lui parler doucement, le flatter de la voix et de la main, lui montrer le bon picotin qu'il aura, s'il passe : cela réussit généralement. En cas d'insuccè·, ui montrer, par surplus, le solide gourdin dont il fera la connaissance s'il s'obstine; lui donner le temps de flairer l'un et l'autre, de choisir; si l'on ne réussit pas encore et qu'on frappe, il n'est pas dit que cela vaudra mieux et, à ce moment, la comparaison n'a plus d'intérêt pour nous.

La bonne parole, douce, caressante, nous l'avons employée avec tous. Nous avons reconnu la forte tête à l'insuffisance de ce moyen : il s'agit de montrer le picotin et, s'il le faut, le bâton.

En ce qui concerne l'homme, le picotin est très variable. Il faut étudier l'individu pour savoir son goût préféré. Et, une fois de plus, à nous la psychologie !

D'abord, le personnage nous amènera à nous occuper de lui à l'improviste. Nous le trouverons généralement dans une crise morale, et il n'est pas bon d'opérer *à chaud*. Aussi, commençons par la douche du silence, du calme et de l'isolement. Éloignons tout le monde, mettons-nous entre *quatre z'yeux*; faisons asseoir le bonhomme, asseyons-nous à côté de lui, laissons tomber quelques instants de silence sur le brouhaha que vient de causer son refus. Confusément, l'homme se rend compte que son attitude *en bataille* de tout à l'heure, n'est plus de mise; l'embarras est d'en changer. Si c'est la crise de larmes, ce qui est fréquent, tout est fini. Quelques bonnes paroles de pardon et d'encouragement feront glisser l'homme à l'obéissance. Il ne faut pas trop lui en demander aujourd'hui et ménager son amour-propre; il y a la galerie devant laquelle le demi-tour est pénible. Un acte de discipline, simple, court, pas plus; demain, le malade sera guéri.

La douche de calme ne suffit pas toujours. Alors, opérons par la parole. La parole très calme, très douce, qui ne rompt pas le silence. Ne parlons pas du refus d'obéissance; c'est bien trop tôt; l'homme va se remettre en défense. Non. — Causons, — en bons amis, — de la famille, du pays, du métier, de n'importe quoi qui touche directement l'homme. Oh! je sais bien, il va me regarder d'un air effaré; c'est ce que je veux. Il s'attendait à des reproches hurlés devant une galerie; nous sommes seuls dans le silence, personne devant qui *faire le zouave*, et nous causons du pays : c'est à n'y rien comprendre. L'homme est désarçonné, tant mieux. Il me regarde et ne répond pas. Causons toujours, mon bonhomme; voici quelques « oui » et « non » grognés. C'est parfait. Continuons jusqu'aux réponses de plus en plus articulées, précises, jusqu'à ce que l'homme se décide enfin à une causerie normale. Bientôt, tout se déclanche, les misères passées, les misères présentes. Nous ne sommes pas si incapables que, par nos questions, par les réponses, nous n'ayons trouvé une corde sensible. Maintenant que la tourmente est passée, faisons vibrer cette corde; nous n'avons tant travaillé que pour savoir de laquelle il fallait jouer. La *forte tête* est vaincue. Aujourd'hui, un acte simple d'obéissance. Dans huit jours, l'homme aura réfléchi : il saura, par les racontars de la chambrée, ce que nous lui avons évité : il aura pour nous le dévouement du bon chien.

Je sais bien que cela demande du travail et de la patience; je sais aussi que la lecture du Code est plus expéditive; je sais encore que cela fait *long feu* souvent, que l'homme dompté, blessé, n'est pas conquis. Je demande si donner à la France un bon soldat, sauver un homme de la déchéance irrémédiable, si cela ne vaut pas une demi-heure de notre peine.

Je n'ai pas encore rencontré de cas rebelles au traitement que je viens d'indiquer, qu'il faut quelquefois prolonger, modifier ou compléter. Il y a cependant des déshérités chez lesquels plus rien ne vibre plus : ce sont des malheureux plus dignes de pitié que de rigueur. L'exigence de nos devoirs, l'impossibilité des explications psychologiques à la masse, la nécessité de l'exemple, nous oblige à les sacrifier. Immoler une individualité, si déchue soit-elle, est quelquefois nécessaire en raison de l'intérêt social ; c'est une dure obligation à laquelle il ne faut se résoudre que lorsqu'il est radicalement impossible de s'y soustraire.

Considérons la forte tête comme un malade qui réclame de grands soins, et c'est pour les cas graves que le médecin réserve sa plus grande douceur de main. Travaillons, étudions : nous serons amplement récompensés par le succès.

UN MOT SUR L'ALCOOLISME

Il nous reste l'alcoolisme; la campagne est trop ardemment conduite depuis quelques années pour qu'on puisse douter de la vigueur généralisée de son action.

Remarquons seulement qu'il y a peu d'ivrognes ou d'alcooliques invétérés à vingt ans. La funeste passion n'en est généralement qu'à ses débuts, tout au plus. Ce qui importe surtout, c'est d'éviter la contagion. Si nous nous efforçons de retenir nos hommes à la caserne, nous réussirons et ils ne sauront pas le chemin du cabaret. Surveillons de près ceux que le vice guette; montrons-leur l'abjection physique et morale de l'alcoolique. Profitons d'un cas d'ivresse pour en faire une leçon de choses, la seule qui frappe. — L'alcoolisme brûle toutes les cordes sensibles de l'individu, celles qui nous permettent d'agir; c'est notre plus redoutable ennemi. — Puisqu'il ne nous laisse aucun moyen d'action, usons contre lui, lorsqu'il le faut, de celui qui nous reste toujours : la force, expédient lamentable à rejeter dans presque tous les autres cas. Tant que l'alcoolisme nous laissera une arme, — amour-propre, orgueil, sentiments de famille, — servons-nous-en contre lui. Lorsqu'il aura tout détruit, c'est par le feu qu'il faudra agir, sans faiblesse, ce n'est plus que par la punition, grave, brutale, infaillible que, si nous n'obtenons pas la guérison, nous éviterons du moins la propagation du fléau.

Mais la lutte anti-alcoolique a groupé toutes les bonnes volontés et éclairé tous les zèles : passons.

LA DISCIPLINE PATERNELLE

Nous venons d'étudier les cas les plus graves, ceux qui sont compromettants pour la discipline générale, les mauvaises herbes les plus gênantes dont il faut se débarrasser avant de songer à faire une culture raisonnée. En pratique, bien entendu, tout marche de front. Dans la vie, tous les organes fonctionnent ensemble; dans l'étude anatomique, on les examine l'un après l'autre. Pour la commodité du travail, nous nous sommes délivrés du rêveur qui songe ou songera à la désertion, de l'antimilitariste, du rebelle à l'autorité qui fait la « forte tête » et de l'alcoolique.

Il nous reste maintenant la masse, dont les éléments sont loin d'être identiques ou même comparables, mais qui sont cependant aptes à recevoir, sans trop de difficultés, l'application de règles communes.

Très sobre, peut-être trop, le règlement se borne à nou. recommander d'être fermes, mais de ne pas oublier aussi d'être paternels et, en quelques lignes immortelles, il développe brièvement le mot *paternel*, mais non le mot *ferme*. Il a raison. Revêtez le premier venu d'une autorité publique quelconque, il sera très probablement brutal, presque toujours maladroit, sûrement ferme, ou du moins le croira, — mais paternel, il ne le sera pas, — ou alors, il n'est pas le premier venu. « Il faut être ferme, c'est entendu, on le sait bien, on le saura toujours assez, semble nous dire le règlement; mais ce qu'on est sujet à oublier, c'est qu'il faut être paternel, et j'y insiste, et j'indique ce qui est incompatible avec la discipline paternelle que je demande. »

Nous avons la bonne fortune de pouvoir être moins laconique que le règlement : qu'entend-il par ce mot *paternelle*? Quelles qualités doivent posséder les *pères* que nous devons être?

LA JUSTICE

Ce qui caractérise un *père*, surtout lorsqu'il a d'aussi nom-
breux *enfants* que nous, c'est avant tout la justice envers chacun,
la bonté envers tous.

La justice, mot des enfants, mot des Français : idéal, à double
titre, de nos jeunes soldats! En quoi consistera-t-elle à la caserne?

Tout d'abord, dans l'égalité du devoir militaire. En France,
chacun veut bien *marcher*, mais à condition que le voisin *marche*
aussi. Chacun sa part régulière. Et elle ne s'exerce pas seulement
cette égalité, à grade égal, mais entre tous les grades. Les devoirs
sont variables, il n'y a qu'un devoir. Le soldat comprend fort
bien que les devoirs du sergent et les siens ne sont pas les mêmes;
il sait encore mieux que l'obligation de les remplir est la même
pour tous. Que le supérieur s'échappe irrégulièrement de l'accomplissement de son devoir, derrière lui, infailliblement, ce
sera la débandade, morale tout au moins. Que, fermant les yeux
volontairement, il laisse Pierre ou Paul s'arranger pour *couper*
à une corvée, personne ne la fera plus sans récriminer. Voici un
petit exercice quelconque. X... est chargé de le diriger, de le
surveiller. Mais X... fume sa pipe, dans un coin, en bavardant.
C'est fini. Personne ne fera plus rien de bon. S'il ne devait pas
être là, quelqu'un le remplacerait et tout marcherait. Il a un
devoir à remplir, puisqu'il est là. Il ne le remplit pas. Pourquoi
en ferais-je plus que lui? Voilà un tas de pommes de terre à
éplucher : il doit y avoir cent hommes. Deux se sont habilement
esquivés; les quatre-vingt-dix-huit autres regardent à droite et
à gauche s'il n'y a pas moyen d'en faire autant et le travail
devient odieux. Ce n'est pas que la part des deux absents sur-
charge le travail des présents : c'est si peu, — mais, ces deux-là
jouissent d'un privilège qui rompt l'égalité. — Je prends à dessein
cet exemple familier de l'épluchage, corvée odieuse s'il en est.
Pourquoi? Peler une pomme de terre est un acte bien indifférent,
ni pénible, ni humiliant. Mais, habituellement trop peu sur-
veillée, cette opération est de celles dont il est classique de

s'esquiver, et ceux qui ne réussissent pas sont des martyrs.
Veillez à ce que l'égalité règne, que tous ceux qui mangent des
pommes de terre les épluchent et tout ira bien. Vous verrez la
joie de ceux qui se croyaient persécutés en voyant réapparaître
les *fricoteurs* et la bonne grâce avec laquelle tous éplucheront
demain.

Il en est de même de tous les services; c'est dans l'accomplissement du devoir militaire, grandiose ou minuscule, que le
principe d'égalité trouve sa plus nécessaire et sa plus noble
application. Comme le dit le troupier dans son langage expressif,
il faut *que chacun en prenne pour son grade*. Formule d'une justesse
profonde dans sa trivialité.

Ayons donc le soin le plus minutieux d'exiger de chacun
autant que de son voisin et de nous-mêmes un peu plus que de
nos inférieurs. Il ne suffit pas même que l'égalité règne, il faut
qu'elle soit visible, il faut qu'on le sache, ne serait-ce que pour
qu'on nous fasse grâce des petites différences qui pourront
exister indépendamment de notre volonté et qu'il est difficile
d'éviter dans la pratique. Que le soldat sache bien que nous
sommes soucieux d'égalité : il n'aura même pas l'idée de contrôler.

La justice, en ce qui nous concerne, ne comprend pas uniquement le respect du principe d'égalité; elle comporte aussi l'équité,
qui n'est, après tout, qu'une forme d'égalité plus délicate, plus
difficile et cependant mieux connue, mieux respectée, parce que
plus impérieuse. Ne pas distribuer inconsidérément la peine et
la récompense est d'application trop courante pour insister ici.

LA BONTÉ

La justice pour chacun, la bonté pour tous. La bonté, principe fécond s'il en est, qualité primordiale qui recouvre toutes les autres et les remplace au besoin. Soyons bons d'abord, et le reste après. Nous sommes des hommes, des êtres imparfaits; la bonté cachera tous nos défauts. Pour faire un bon soldat, il ne faut pas tant un bon chef qu'un chef bon. Notre rôle, c'est d'avoir en campagne des gens qui nous suivent, malgré la faim, malgré la fatigue, malgré la menace de la mort. — Si nous avons cette seule qualité, la bonté, ils nous suivront.

Il ne s'agit pas de la faiblesse, bonté des insuffisants, ni même de l'indulgence, bonté inerte. Il s'agit de la bonté active, celle qui cherche la plaie pour la panser, la misère pour la soulager, la douleur pour la bercer. Il faut nous pencher sur nos hommes, comme le père sur le berceau de son enfant. Il faut que, sans jamais nous lasser, nous cherchions et nous trouvions, dans l'âme de nos soldats, le nuage qui y passe pour l'en chasser. Il faut qu'ils se sentent baignés dans une atmosphère de bonté pénétrante, et que, près de nous, chacun se sente en sécurité, comme l'enfant près de son père. Cette bonté-là, la seule vraie, la seule efficace, ne peut s'exercer que par la connaissance approfondie de chacun, dont nous parlerons bientôt.

LA FERMETÉ

Lorsque nous serons justes et bons, il ne nous restera plus qu'à être fermes pour réaliser l'idéal du règlement.

Être fermes! comme c'est facile, maintenant. Être ferme, est-ce autre chose qu'exiger l'obéissance parfaite? Lorsque nous serons reconnus justes et bons, nul ne songera à nous faire montrer que nous sommes fermes. La discipline est aisément ferme, lorsqu'elle est librement consentie. Quel besoin de chercher si la main est de fer sous le gant de velours? Au surplus, dans la pratique, il se trouvera toujours assez de curieux imprudents qui voudront tenter l'expérience. Sur ceux-là, fermons fortement la main de fer; ils n'y reviendront plus, ni les voisins. On saura, une fois pour toutes, que ce n'est pas de son qu'est rempli le gant : c'est tout ce qu'il faut. La fermeté nous sera une qualité facile, et dont nous aurons bien rarement l'occasion de faire preuve.

L'ADRESSE

Toutes ces qualités de chef que nous venons d'étudier, la bien-veillance, la justice, la bonté, la fermeté seront vaines sans une autre que j'appellerai l'adresse. Ce n'est pas tout d'avoir de bons outils, il faut savoir s'en servir. L'adresse du chef consiste à savoir se servir de ses qualités comme le bon ouvrier de ses outils. Elle s'acquiert par le travail et la réflexion, comme toutes les autres.

L'adresse découlera d'elle-même de la distinction constante entre le camarade et le chef, deux personnalités distinctes qu'il faut que le soldat trouve en son supérieur hiérarchique.

Le camarade. — Du plus élevé au plus humble, nous sommes tous des camarades dans l'armée; camarades par l'amour com-mun de la patrie, le dévouement à sa défense, le sacrifice allègre-ment consenti de nos forces morales et physiques, à la caserne, de notre vie, à la bataille. Le salut est la marque visible de cette camaraderie. Que nos hommes sachent bien, sentent bien que nous sommes leurs bons camarades, les meilleurs de leurs cama-rades, parce que plus instruits, plus expérimentés. La camara-derie du supérieur engendre la confiance du soldat, cette confiance sans bornes qui nous est indispensable.

Le chef. — La réunion des efforts, qu'en bons camarades nous donnons en commun, ne peut être efficace que si elle est réglée; lorsque deux, trois, dix hommes tirent sur une corde, il faut que l'un crie *oh! hisse!* pour que tout le monde tire en même temps. Le soldat le comprend fort bien.

L'adresse du chef consiste à faire deux parts de son action, parts bien nettes, bien définies. Dans l'emploi de la troupe, il n'y a de place que pour le chef proprement dit : c'est le moment où l'on tire sur la corde. Trêve de bavardages; il ne s'agit que de tirer et ferme! Dans l'instruction, au contraire, il y a place pour le camarade instruit qui enseigne et pour le chef qui entend qu'on apprenne. Dans l'éducation morale, il n'y a guère place que pour le camarade.

Dans tout ce travail, c'est surtout le camarade qui est en jeu; il ne faut pas cependant que le *chef* contrecarre son œuvre. L'art de commander est un vaste empire dont l'art de donner des ordres n'est qu'une médiocre province; il la faut parcourir néanmoins.

DONNER UN ORDRE

La façon de donner vaut mieux que ce qu'on donne; c'est vrai des ordres comme des cadeaux.

En donnant l'ordre, montrons d'abord par notre attitude, par notre geste, par notre voix que c'est le chef qui parle, cette entité qui n'a ni âme, ni cœur, ni sensibilité, qui n'est plus que le rouage d'une machine. Ce n'est pas le lieu de faire du sentiment; inutile de le dire : faisons-le comprendre. Aussi, excluons soigneusement toute manifestation de sentimentalité humaine. Pas de colère, pas de trouble, pas d'impatience. Une attitude correcte, un geste mesuré, une voix calme, les paroles nécessaires et suffisantes, pas plus, pas moins. Un cadeau mal donné est mal reçu; un ordre mal donné est mal exécuté.

Il y a ensuite l'ordre lui-même. — Un ordre, si simple soit-il, ne s'improvise pas : il ne se formule dans le cerveau du chef que par la réflexion qui demande du temps. S'il a des qualités éminentes de décision, d'expérience et de savoir professionnel, le chef abaissera la longueur de ce temps au minimum; il ne la supprimera jamais. Dans les cas très simples, très familiers, il ne faut qu'une seconde de préparation, mais il faut cette seconde. Ce temps est d'autant plus indispensable qu'il faut à celui qui donne l'ordre le temps de se mettre au : *Garde à vous*, moral, cette froide immobilité de l'esprit qui écarte toute préoccupation occasionnelle, toute passion momentanée, et que notre attitude, notre voix, notre manière de donner l'ordre, doit créer de même, par contagion, chez celui qui reçoit l'ordre. L'ordre ne s'improvise pas, car il ne peut être formulé que de sang-froid, et, ce sang bouillant que nous avons tous, il faut prendre le temps de le rafraîchir, chez les deux intéressés.

Que faut-il mettre enfin dans l'ordre? Je résumerai volontiers en disant : le but et les matériaux.

Le but. — Dire à celui qui reçoit l'ordre ce qu'on attend de lui. C'est un rouage qui met en action un autre rouage en lui donnant l'impulsion, la direction, le sens du mouvement.

Les matériaux. — C'est-à-dire le temps, le lieu, le personnel, le matériel, — le savoir nécessaire étant supposé acquis.

Il faut que le but soit accessible, que les matériaux soient suffisants, moyennant quoi l'ordre sera parfait.

Je n'ai pas prononcé le mot : moyens, volontairement. Le choix des moyens appartient à celui qui reçoit l'ordre et constitue son initiative, cette initiative pour laquelle on a brisé tant de lances. Pour cette question comme pour tant d'autres, le règlement nous donne la solution : il suffit de le lire et toute discussion sera close. Ce que je viens de dire n'en est que la paraphrase. Le cocher met ses chevaux en mouvement, leur donne la direction, l'allure, mais il ne touche pas à leurs jambes : ce sont les chevaux qui les font marcher. Le chef d'orchestre donne le morceau à jouer, bat la mesure, mais ce sont les musiciens qui soufflent. L'initiative est, pour les chevaux, la liberté des pattes et, pour les musiciens, la liberté du souffle. Sans cette liberté, rien ne marchera. L'initiative n'est pas un droit, mais la liberté d'accomplir son devoir : elle n'est pas une prérogative, mais une nécessité.

Donc, donnons le but à atteindre et les matériaux nécessaires; laissons à celui qui reçoit l'ordre le soin de faire usage de ces matériaux pour atteindre le but indiqué; nous respecterons ainsi son initiative, la logique et le règlement.

La plupart des menus ordres donnés par les petits gradés ne sont si souvent mal exécutés que parce qu'ils sont mal donnés. Le but est dans les nuages, les matériaux sont imprécis, insuffisants. *Faudra m'astiquer ça, hein?* trois mots jetés dans le mécontentement de trouver l'homme mal astiqué, mots jetés d'un ton agressif, voilà ce que trop souvent les gradés prennent pour un ordre; l'ordre n'est pas ou mal exécuté, évidemment; le gradé s'emporte, toujours évidemment. Non moins évidemment encore, le soldat se moque de sa colère : *il n'avait pas de cire!* mais, en tous cas, il a de bonnes raisons. — Discussions. — Réponses. — Gâchis moral. Si, au lieu de dire *ça*, le gradé avait dit quoi; s'il avait donné ou fixé le temps, fourni la cire, indiqué à quel moment le travail devait être terminé, il aurait fait œuvre de chef. Il fallait dire : *Votre sac est mal entretenu. Je vous donne l'ordre de l'astiquer. Vous ferez ce travail pendant les travaux de propreté, cet après-midi. Voici la cire, les chiffons, etc. nécessaires. Vous me présenterez cela ce soir à 4ʰ 30.* Devant l'ordre net, précis, calme, complet, ne laissant aucun joint par où s'esquiver, l'homme se serait incliné, soyez-en sûr, et de fort bonne grâce, par-dessus le marché. Quant à l'initiative de l'homme, elle consistera dans la liberté de faire le travail à sa guise, sous réserve d'être prêt à l'heure indiquée.

J'ai pris à dessein un exemple très menu, pour montrer que les grandes prescriptions générales du règlement ne s'appliquent pas seulement aux grandes choses, mais aussi aux petites, car c'est du petit soldat dans le rang que je m'occupe. Les grandes questions importantes, vitales même, le laissent bien indifférent : ce n'est pas son affaire; ce qui le touche, le rend heureux ou mécontent, gai ou triste, dévoué ou indiscipliné, ce sont les histoires de balayage, d'astiquage et de gamelle, et il a raison. Ces occupations, qui, matériellement, ont une importance qui fait que ce ne sont pas des détails, moralement sont primordiales, car elles absorbent le soldat tout entier. Une corvée de nettoyage se commande avec les mêmes soins, par les mêmes procédés et d'après les mêmes principes qu'une manœuvre de régiment. Les jeunes gens qui ont leurs premiers galons ne s'en rendent pas toujours un compte bien exact; ils négligent ainsi ce qui fait à la fois la grandeur et le charme de leur grade, ce qui donne notre idéal, de bons chefs et de bons soldats, en laissant à chacun sa part intégrale de devoir à remplir, c'est-à-dire sa **personnalité**.

LES MOYENS D'ACTION DU CHEF

Nous avons donné successivement au chef toutes les armes nécessaires pour faire cette conquête d'où découlent les autres : celle de ses soldats. Montrons-lui maintenant la voie et nous le laisserons ensuite s'élancer librement; pour peu que nous lui ayons inspiré le désir de réussir, il réussira.

Il dispose de trois moyens d'action; l'exemple, l'acte, la parole, moyens qui, dans la pratique, sont liés constamment l'un à l'autre. Aussi, qu'il n'oublie jamais que ce qu'il dit, ce qu'il ordonne et ce qu'il fait, tout cela, au point de vue moral, n'est qu'une seule et même chose : cela semble inutile à dire et pourtant! Ne trouvons-nous pas facilement des exemples de chefs, de rang médiocre, qui imposent à leurs inférieurs une discipline de fer, mais qui, en revanche, se glorifient de ne se laisser imposer par personne cette même discipline qu'ils exigent des autres? Ne sont-ce point les paresseux qui ne se rendent pas compte de l'excès du travail qu'ils demandent? les plus agités qui prêchent le calme, les violents la modération et les mous la vigueur? Si, souvent, car l'homme n'est pas parfait; tout au moins, prenons l'habitude de rentrer en nous-mêmes, de faire notre examen de conscience, d'être pour nous des critiques impartiaux et sévères. Ce n'est qu'une affaire de volonté et de loyauté, deux vertus si habituelles dans l'armée, qu'on ne peut supposer leur absence chez personne.

ÉTUDIER CHAQUE AME INDIVIDUELLEMENT

Si l'étude théorique de l'art du commandement direct d'un petit groupe de soldats français procède de la connaissance psychologique du « soldat » en général, l'application pratique ne peut découler que de la connaissance approfondie de chacun en particulier. L'ascendant du chef est la résultante de l'action qu'il exerce sur chaque élément humain de sa troupe. On n'a aucune action sur un homme que l'on ne connaît pas et surtout sur un homme qui sait qu'on ne le connaît pas. Il faut donc non seulement connaître chacun, mais aussi faire en sorte que chacun soit bien et constamment certain qu'il est très bien connu. L'action du chef varie suivant les individualités envers lesquelles elle s'exerce; l'on ne peut songer à conquérir chaque homme en particulier en appliquant une formule invariable; ce serait trop simple. Si nous voulons obtenir de nos soldats autre chose que le dévouement banal qu'ils sont toujours prêts à nous donner, si nous voulons mieux qu'une bonne volonté sans entrain, si nous voulons que chacun donne l'effort maximum avec joie, il faut étudier chaque individualité prise à part, la cultiver avec des soins spéciaux, comme fait le bon jardinier qui, aimant également toutes ses plantes, ne les soigne pas toutes de la même façon; il ne s'agit pas d'arroser ni beaucoup ni peu; il faut donner à chaque fleur la quantité d'eau qui lui convient pour s'épanouir; et cela nécessite une connaissance approfondie des besoins de chaque variété.

Soyons bons jardiniers; c'est la fleur du dévouement au chef, à la patrie qu'il s'agit non de faire éclore, mais de faire épanouir, pleine de force, de vigueur et de santé. Ce n'est que par un traitement approprié à chaque sujet, par suite éminemment souple et varié, que nous obtiendrons un résultat identique chez tous.

Qu'est-ce que connaître ses hommes? Combien de fois se borne-t-on, malheureusement, à savoir leur nom, — leur profession aussi, dans un but utilitaire : en fera-t-on un perruquier, un se-

crétaire ou un sapeur?—Saurait-on encore le nom de leur village
natal, le nombre de leurs frères et sœurs, qu'importe? Ce qu'il
faut connaître, c'est l'AME DU SOLDAT.

Chaque soldat a une âme, son âme personnelle, qui ne ressemble en rien à celle du voisin. Est coupable, indigne de commander,
celui qui, volontairement ou non, oublie cette vérité; qui, dans
vingt soldats, ne voit que vingt mécanismes vivants et identiques, complétant le fusil, comme le cheval complète le cavalier.
Chacun, même le plus humble, même le plus déshérité, est ca-
pable de joie et de douleur, d'amour et de haine, d'ardeur et de
paresse, de jugement surtout. L'intelligence et la sensibilité se ma-
nifestent chez tous, à des degrés et sous des aspects infiniment
divers. Ce sont des forces, sources puissantes d'énergie, que nous
devons étudier et orienter, que nous n'avons pas le droit d'ignorer,
ni de négliger.

Ce n'est pas non plus connaître un homme que, — reconnais-
sant cette nécessité de la connaissance morale de chacun, — faire
deux ou trois catégories. Un tel est bon soldat. Un tel, mauvais.
N'oublions pas que dans le jardin, les plantes qui poussent mal
sont celles qui ont été mal soignées, soit par négligence, soit par
incapacité : il n'y a pas de plantes rebelles à une culture intel-
ligente et attentive, et le jardin est ce qu'est le jardinier. Le mauvais soldat est presque toujours celui dont on n'a pas su, ou voulu
assez, faire un bon soldat. Parce que cela n'était pas facile? Je le
sais bien. Mais le jardinier n'a pas pour métier de regarder pousser
les plantes qui veulent bien prospérer toutes seules, et c'est à
la difficulté de la culture qu'on reconnaît son mérite. La jeunesse française est une semence féconde où la mauvaise graine
est rare.

Ne faisons donc pas de ces catégories simplistes : bons, médiocres, mauvais. Ces trois mots ne peuvent servir à apprécier
un homme, mais bien le résultat que nous avons obtenu. Ne disons pas : *c'est un homme dont il n'y a rien à tirer*, mais bien
c'est un homme dont je n'ai rien su tirer, et, comme cette phrase
sera un aveu d'impuissance, nous ne la prononcerons pas.

Tous les hommes ont des défauts et des qualités. Le meilleur
a sa tare, le pire a sa vertu. L'apache qui tue par fanfaronnade

a son point d'honneur, sa fidélité à la parole donnée; le pick-pocket sa dextérité et le faussaire son habileté. Si criminel que puisse être l'emploi de ces qualités, ce ne sont pas moins, par essence, des qualités. — Chez nos soldats, d'où sont exclus les coquins invétérés, il y a toujours des qualités, et l'habitude d'un mauvais emploi est peu fréquente et peu grave. — Cherchons donc les qualités de chacun, et ne les nions pas si elles ne nous sautent pas aux yeux.

Creusons donc chaque âme patiemment jusqu'à ce qu'elle n'ait plus de secrets pour nous, que nous sachions ce qu'elle contient de bon, pour le développer; de mauvais, pour le détruire.

Par quels moyens arriverons-nous à faire ouvrir ces verrous, plus ou moins solides, derrière lesquels chacun abrite son moi moral?

Par la parole.

Mais, là encore, il n'y a pas de « Sésame, ouvre-toi! » Chaque âme a sa clef; c'est à nous de la trouver.

Pendant les premiers jours de service du soldat, il faut le mettre en confiance; de mon mieux, j'ai dit pourquoi et comment. Cette mise en confiance, d'ordre général, ne s'applique qu'à la masse; elle facilite la période d'acclimatement; elle ouvre le chemin à la mise en confiance individuelle dont il faut nous occuper maintenant. Sur les âmes troubles des premiers jours, il ne fallait pas songer à travailler; nous n'aurions fait que les troubler davantage. Par le calme, la sensation de bien-être, nous leur avons rendu leur limpidité normale : donnons-nous la peine de regarder et nous y verrons clair.

C'est un travail de miniaturiste qu'il nous faut faire, après avoir brossé largement les décors de la scène. C'est chacun qu'il nous faut prendre à part, sans crainte de gâcher, ni notre temps, ni notre patience.

Appelons un homme; isolons-nous avec lui dans un coin, à l'abri des oreilles indiscrètes des camarades. Qu'allons-nous lui dire et lui demander? Ce n'est pas difficile. Tout ce que nous voudrons, chacun suivant notre tempérament personnel. La conversation n'est d'ailleurs guère variée : nom, lieu de naissance, famille, profession, vie antérieure, etc. Ce qui importe, c'est que ce soit une conversation et non un interrogatoire, que, par notre manière d'être, de parler, l'homme sente que, tout en restant à sa place, il peut se mettre à l'aise, et qu'en ce moment, c'est au grand et bon camarade, qu'il y a dans le chef, qu'il parle. Cela demande un peu de temps; l'homme interpellé se met au : *Garde à vous!* physique et moral. Faisons-lui quitter l'un pour qu'il quitte l'autre. Et causons en bons amis. Ne craignons pas de prolonger l'entretien; ce ne sont pas les « oui » et les « non » du début qui nous éclaireront. Il faut que l'homme bavarde. Depuis qu'il a quitté les siens, il n'a rencontré personne à qui dire ses petites affaires, ses joies et ses peines; il ne demande qu'à s'épancher; qu'il se rende compte qu'il peut le faire et laissons-le aller. Il est si heureux, après le désarroi moral qu'il vient de traverser, de trouver quelqu'un à qui se confier, qui lui parle doucement, l'écoute avec intérêt, s'intéresse à tout ce qui le touche. Il se met en confiance tout seul; au bout de quelques minutes, il nous parle du papa et de la maman, comme si nous les connaissions, et de son métier, comme si nous étions son camarade d'atelier : c'est ce qu'il nous faut. Cause, mon petit, cause. Dégonfle-toi, raconte tes petites misères et tes petites joies. Cause toujours, ouvre ton âme à ton chef : c'est à la patrie que tu la livres.

Si l'homme s'échauffe peu à peu et dans la conversation que nous lui offrons ne voit que l'agrément, n'oublions pas que nous, nous sommes au travail. Ne laissons pas la conversation dégénérer en un monologue interminable, en un flux de paroles inutiles; laissons causer l'homme, mais dirigeons cependant cette causerie familière.

En la provoquant, nous nous sommes proposé plusieurs buts qu'il ne faut pas perdre de vue; d'abord, connaître l'homme, au point de vue physique et état civil; ensuite, lui permettre de nous connaître, de savoir qu'en nous il trouvera un bon camarade, un ami discret, un conseiller sincère, un guide sûr, un protecteur fidèle. Enfin, nous nous proposons surtout de connaître l'histoire et la géographie de cette âme, comme le médecin pour le corps. Pour lui comme pour nous, ce n'est que par l'étude des épreuves subies autrefois et de l'état de santé présent que nous pourrons instituer le traitement efficace.

Orientons donc la conversation pour qu'au milieu du verbiage, il nous reste la vision nette du milieu dans lequel l'homme a vécu, des crises par lesquelles il a passé, de tout ce qui a influé, en bien ou en mal, sur sa croissance morale; cette histoire du passé nous éclairera sur le présent en nous l'expliquant. Quant à l'état d'âme actuel, il ne nous sera pas difficile de le discerner, non seulement par le contenu même des réponses, mais encore et surtout par la manière dont elles seront faites. Le ton est un indice précieux; il y a des tons orgueilleux, timides, présomptueux, craintifs, mélancoliques, etc., indices certains d'un caractère correspondant. Ne négligeons rien de tout ce qui peut contribuer à nous documenter sur l'âme de l'homme.

Cette causerie, précieuse à divers titres, nous permet encore facilement d'augmenter notre ascendant sur le soldat. Nos connaissances générales nous permettent toujours de parler un peu de tout, avec une compétence très suffisante. On sait toujours quelque chose du pays d'où vient l'homme, par exemple, si c'est un pays de plaines ou de montagnes, agricole ou industriel, etc., suffisamment pour en parler et montrer à l'homme qu'on connaît le pays d'où il vient, c'est un lien. De même, pour toutes les questions effleurées en causant. L'homme a vite fait de reconnaître en son chef un savant, car il se rend compte qu'à lui seul il en sait autant que chacun en particulier. Lorsque nous aurons parlé culture avec le paysan, examens universitaires avec le licencié, travail du fer avec le forgeron, et devoir militaire avec tous, chacun reconnaîtra aisément en nous un homme qui en sait plus long que lui et qui est digne de commander.

En pratique, lorsqu'on reçoit ainsi les confidences de chacun, on est étonné du nombre de jeunes gens pour lesquels il y a lieu de *faire quelque chose*, dont il faut s'occuper spécialement, soit au physique, soit au moral; on est effrayé à la pensée de l'état d'esprit qui guettait tous ces jeunes gens s'ils n'avaient senti près d'eux un tuteur sûr, et, lorsqu'on a fait ce travail une seule fois, il devient impossible de le négliger et d'oublier son importance. L'expérience est facile à faire.

Évidemment, cette causerie familière n'est ni à clore définitivement une fois terminée, ni à reprendre constamment. Il importe que l'on étudie chacun, que l'on revoie ceux pour lesquels c'est nécessaire et surtout que chacun s'en aille bien convaincu qu'au moindre besoin, il peut venir s'adresser à son chef en toute confiance et sans arrière-pensée. Il importe aussi que chacun se rende compte qu'il est connu, que cette conversation, cette communion des âmes, si elle ne se manifeste pas tous les jours n'en existe pas moins constamment sans que l'on ait besoin de parler. L'homme sait très bien que, si on lui a donné une heure de causerie un jour, on a autre chose à faire qu'à passer son temps à bavarder avec lui. Mais un simple mot par-ci, par-là, au hasard de l'occasion, suffit amplement. Un mot gai aux bons gros garçons réjouis, de compassion aux affligés, il n'en faut pas plus pour entretenir les bonnes relations, et que l'homme sache que son chef pense toujours à lui.

Si ce rôle est surtout celui des officiers, il n'en est pas moins vrai que les gradés inférieurs doivent s'inspirer des mêmes principes et adopter une conduite analogue. En fait de conduite morale, plus encore que d'instruction professionnelle, il faut que tout le monde travaille dans le même sens, que tous les efforts individuels soient coordonnés par une orientation unique. C'est pourquoi, dans cette étude, j'ai évité, avec le plus grand soin, de nommer des grades; l'autorité est une; il n'y en a pas une petite pour les uns, une grande pour les autres. Ce qui varie avec la hiérarchie, c'est la quotité d'hommes sur lesquels s'étend l'autorité, qui impose à tous les mêmes devoirs, confère à tous les mêmes droits, quel que soit le rayon de la zone dans laquelle ils sont appelés à l'exercer.

NÉCESSITÉ DE CETTE ÉTUDE INDIVIDUELLE
DE CHACUN

Lorsque, chacun en ce qui nous concerne, chacun à notre manière, suivant notre tempérament personnel, nous serons arrivés à connaître intimement chacun de nos hommes, tant au physique qu'au moral, notre devoir militaire sera si bien tracé et tellement facilité que son accomplissement ne sera plus qu'une source de satisfactions, non seulement pour nous, pour tous aussi. Il nous sera tellement indiqué de modérer les violents, de protéger les faibles, de calmer celui-ci et de stimuler celui-là, que nous le ferons sans même y penser. Et si tous, dans la compagnie, nous travaillons dans le même sens, il en résultera, sans efforts et sans secousses, la parfaite exécution des devoirs de chacun, la bonne harmonie générale, une discipline volontaire aisée et souple, le respect de chacun envers soi-même, envers son voisin, le dévouement au chef, — en un mot, l'amour du métier, l'amour de la patrie, grand ressort de l'armée moderne. Tous ces résultats s'obtiennent actuellement, d'une manière générale. Il n'est pas discutable pourtant que la perfection n'est pas plus notre apanage que celui d'aucun être humain, d'aucune création humaine. Il y a toujours un espace libre qui nous sépare de la perfection idéale, espace que nous devons tous chercher à diminuer, qui appartient à tous les hommes de bonne volonté qui essaient de faire un pas en avant. Dans le gros travail que représente pour l'armée la coordination des forces morales de tout un pays, tout se passe comme sur le champ de bataille; un mètre de terrain gagné en avant par un seul homme a sa valeur, car c'est l'élément initial; ne ménageons donc pas nos peines; ne nous décourageons pas devant la médiocrité du résultat apparent. Faisons chacun un pas en avant, toutes les fois que nous pouvons le faire; la patrie verra le total.

UN CAS PARTICULIER
ANTECÉDENTS JUDICIAIRES

L'étude personnelle, complète, de la valeur morale de chaque homme, qui, théoriquement, est indispensable, s'impose, à l'heure actuelle, en pratique, avec plus de force que jamais.

Depuis quelques années, arrivent dans les corps de troupe des jeunes gens que leurs antécédents judiciaires faisaient autrefois diriger sur des unités spéciales, en Afrique.

Leur présence, au milieu des camarades qui n'ont rien à se reprocher, est une source d'embarras moral assez grand pour qu'avant de clore cette étude, il me soit permis d'étudier ce cas particulier.

Évidemment, tout d'abord, loin d'être mis à l'écart, ces jeunes gens doivent être l'objet d'une attention toute spéciale du chef. Ils représentent une difficulté qu'il ne s'agit pas d'ignorer, mais d'aborder de front. C'est de ceux-là surtout qu'il faudra obtenir des confidences entières, sans restrictions. C'est assez facile. L'homme qui a commis une faute et qui l'a rachetée, assez cher quelquefois, se considère facilement comme réhabilité, tout au moins à ses yeux. Cette faute, qui l'a mené devant les tribunaux, a été le sujet de tant d'interrogatoires, d'enquêtes, de jugements qu'il n'éprouve aucun embarras à en parler. Que risque-t-il à l'avouer une fois de plus? Elle est payée.

Au chef alors appartient le beau rôle de montrer à l'homme taré la voie de la réhabilitation complète, de lui faire comprendre que dans le milieu nouveau où il se trouve, tout est oublié; que nul ne connaît le passé si ce n'est le chef auquel l'homme vient de le confier; que nul autre ne le connaîtra; que, s'il veut revenir au bien, il en est encore temps et que la sollicitude de ses chefs s'exercera pour lui tout aussi activement que pour les camarades; que de vaines paroles de repentir ne sont rien, mais qu'il sera tenu un compte tout particulier de sa bonne conduite et de ses efforts. Au chef, il appartient de se rendre compte, non des circonstances matérielles de la faute, qu'il ne peut connaître et qui sont *chose jugée*, mais du processus psychologique de la faute. De l'épreuve subie, l'âme est sortie blessée : au chef de la guérir. Le milieu différent nous donne des facilités de traitement qui ne se retrouvent nulle part ailleurs dans la société. A nous de donner une importance exceptionnelle aux circonstances atténuantes d'ordre moral, sans poids dans les balances de la justice. Invoquer les circonstances atténuantes, lorsque la faute est rachetée, la peine subie, lorsqu'il n'y a plus d'intérêt à diminuer les conséquences possibles, c'est déjà rougir de la faute, c'est le premier signe de retour au bien.

Faisons donc exposer à l'homme les motifs qui l'ont détourné du droit chemin; nous entendrons souvent des choses navrantes, nous verrons que, souvent, ces jeunes hommes sont des déchets de la société, mais qu'ils n'ont pas demandé à l'être; qu'ils sont dignes surtout de pitié; qu'ils n'en ont pas souvent rencontré, et qu'ils sont prêts à bénir la main secourable qui, enfin! se tendra vers eux.

Il n'y a pas d'homme de vingt ans chez lequel il ne reste plus rien de bon à exploiter; l'incendie qu'ont allumé dans l'âme les passions malsaines n'a pas encore eu le temps de tout détruire; sous les cendres, nous retrouverons toujours un sentiment resté vif, pur et sincère; il faut le chercher, et sur cette base, quelquefois étroite, réédifier une âme neuve et propre.

C'est un travail plus passionnant qu'ardu, et plus fructueux que ne le croient ceux qui ne l'ont pas entrepris; je pourrais citer le cas d'un jeune homme, abandonné de tous les siens, entré vers l'âge de huit ans dans une maison de correction, sorti vers seize ans, et qui, jusqu'à son incorporation, avait subi plusieurs peines graves de prison. Le malheureux n'avait jamais pu arriver à gagner son pain par des moyens honnêtes; il est devenu un sous-officier rengagé très estimé. Il en est bien d'autres que l'armée a sauvés de l'irrémédiable déchéance. Attachons-nous chacun de notre côté à sauver celui qui passe à notre portée : d'un être malfaisant que nous aurons reçu, nous ferons jaillir un bon serviteur du pays, un homme utile : il n'y a pas d'efforts qu'un tel but ne justifie.

————————

COMMENT FAIRE USAGE DU DROIT DE PUNIR ?

Volontairement, dans cette étude de l'art du commandement inférieur, j'ai écarté, jusqu'ici, le mot même de punition, bien loin d'accepter la punition comme un moyen possible d'imposer l'autorité.

Il est impossible d'entrer ici dans une étude approfondie du droit redoutable de punir. Bornons-nous à quelques remarques d'ordre pratique.

Tout d'abord, et fort heureusement, le droit de punir, qui si longtemps a appartenu, en premier ressort, aux gradés inférieurs, est caduc en ce qui les concerne. Ce moyen, facile et néfaste, d'obtenir une obéissance apparente, les a trop longtemps détournés du travail nécessaire pour en découvrir d'autres, meilleurs. Il est impraticable en campagne, ce qui suffit amplement à sa condamnation. En outre, il suppose, chez celui qui en est armé, une perfection morale incompatible avec la nature humaine. Celui qui, dans les rangs hiérarchiques que nous visons, a donné directement un ordre, ne peut punir pour l'exécution plus ou moins défectueuse de cet ordre. Il y a à cela mille raisons; d'abord, l'ordre qu'il a donné est la conséquence d'un ordre qu'il a reçu lui-même; il n'a pas le droit de déplacer la responsabilité de l'exécution; ensuite, il est à la fois juge et partie : il ne peut être impartial; ensuite, son manque d'expérience, son habileté insuffisante peuvent être et sont généralement les vrais coupables. Les bons serviteurs, zélés, pleins d'ardeur, qui, au reçu d'un ordre, se précipitent tête baissée à l'exécution, ont vite fait de rejeter sur les inférieurs le résultat infaillible de leur hâte intempestive et irréfléchie. Leur excuse, qui est d'être sincères, n'atténue malheureusement pas les effets de leur maladresse.

En outre de tout cela, l'expérience de chacun est suffisante pour montrer surabondamment que, jamais, nulle part, à aucun moment, jamais la punition n'a amendé personne. — Jamais. — Il y a en pratique deux sortes de punitions : celles dont le puni reconnaît le bien-fondé et qui sont parfaitement inutiles. l'effet moral étant obtenu non par la punition mais par la constatation qu'elle est méritée; celles que le puni subit sans les accepter et qui sont, par suite, mauvaises; elles vont à l'encontre de leur but, qui est d'amender. — Je ne parle, bien entendu, pour le moment, que des menues punitions pour fautes légères.

Ces punitions-là, toutes en bloc, sans plus d'examen, sont à rejeter; elles sont inutiles ou nuisibles; il faut y renoncer radicalement.

La punition n'est pas un moyen d'obtenir, mais bien de forcer l'obéissance. — C'est le fer rouge que le médecin utilise dans certains cas désespérés, mais dont il ne parle pas pour soigner un rhume de cerveau. — Les cas graves sont infiniment rares; la punition ne crée pas, elle brûle. Pensons-y. Et le jour où nous reconnaîtrons qu'il faut en venir à cette extrémité, lorsque nous en serons bien sûrs, alors n'hésitons pas. Brûlons dur et à fond, brûlons tout ce qu'il faudra, sans pitié, sans regret. Quand la destruction est nécessaire, qu'elle soit complète, sans quoi la mesure d'assainissement par le feu, à laquelle nous nous sommes résignés, sera inefficace, douloureuse seulement.

Donc, jamais de petites punitions, à rejeter entièrement. De grosses punitions, oui, dans des cas très rares, très nets, lorsque l'hygiène générale l'exige si formellement qu'il ne puisse y avoir doute et que tous les autres moyens ont été réellement impuissants. Aussi, cela va de soi, jamais de punitions au pied levé. Jamais de ces *quatre jours* jetés au petit bonheur. Punir est l'acte le plus grave qu'un homme puisse commettre à l'égard d'un autre homme. Avant de punir, il faut juger; juger, c'est comparer, peser, réfléchir : cela ne s'improvise pas.

Aussi, quelle sagesse de ne laisser le maniement de cette arme redoutable du commandement qu'au commandant de compagnie! Outre l'expérience et la connaissance des hommes qui suffiraient à le désigner, seul il peut être juge. Jamais il n'a d'ordre direct à donner au soldat. Quoi qu'il arrive, il sera à l'écart du débat qui sera porté devant lui; il sera par là-même et nécessairement calme, impartial, équitable. La nécessité de demander une punition, de la justifier dûment, fera disparaître automatiquement les punitions infligées sans mûre réflexion. Il n'y a pas de coupable qui n'ait le droit d'être jugé régulièrement, c'est-à-dire d'être entendu dans ses moyens de défense par un juge expert, non prévenu, impartial, régulièrement désigné. Seul, le commandant de compagnie peut jouer ce rôle.

Quant à ses inférieurs, qu'ils ne se croient pas déchus d'une parcelle de leur autorité. Loin de là. Les moyens qu'ils ont négligé quelquefois d'employer, mais qu'ils seront tenus d'étudier, leur fourniront un ascendant, base normale de la discipline, que la punition est incapable de donner. Et dans tous les cas où la punition infligée par eux était réellement nécessaire, où elle a été le point de départ d'une punition exemplaire, la seule qui puisse être prise en considération, leur intervention ne sera-t-elle pas identique, qu'ils se bornent à signaler ou qu'ils infligent une punition ridiculement insuffisante?

Mais, je veux le redire, ne pensons jamais que nous pouvons punir ou provoquer la punition; oublions-le entièrement, laissons à la gravité exceptionnelle de cas anormaux le soin de nous en faire souvenir. Nous n'en serons que mieux obéis; en dehors de toute considération théorique, c'est un fait d'expérience. Punir est presque toujours une faute; c'est toujours un aveu que le chef ne dispose plus d'autre moyen. Eh bien! soyons riches de moyens, et nous ne serons pas réduits à faire fréquemment aveu d'impuissance.

Tout cela ne signifie pas qu'il faut priver l'action du chef du stimulant souvent nécessaire. La punition officielle, celle qui donne à l'homme, au point de vue militaire, un casier judiciaire, est la seule que j'aie envisagée jusqu'ici. La punition non réglementaire, bien entendu, il n'en saurait même être question. Mais combien de moyens a le chef de faire sentir l'aiguillon! Le reproche, net, calme, précis, mérité. Le refus d'une faveur, le blâme devant les camarades, et que d'autres encore! Soyons assurés que si nous avons su bien travailler, la marque de notre mécontentement sera une dure punition, sous quelque forme qu'elle se manifeste. Lorsque notre petite troupe manœuvre bien, met du cœur à l'ouvrage, que tous les esprits sont éveillés, attentifs, tendus, mettre à la porte et envoyer fumer sa pipe, comme indigne de faire partie de cette belle troupe, le troupier distrait, qui « pique l'étrangère », c'est, si l'on sait s'y prendre, lui infliger une grosse vexation d'amour-propre, et réveiller l'émulation chez les autres. Tout est affaire d'à-propos, de doigté, de connaissance personnelle des hommes, et surtout d'individualité du chef. Aucun d'eux ne peut copier son voisin; c'est à chacun à étudier d'abord lui-même, ensuite ses inférieurs; c'est en cultivant sa personnalité et la leur que, de cet assemblage d'hommes, il fera un corps vivant, souple, robuste, dont il aura l'honneur d'être la tête. Et, s'il appartient à la tête de diriger les membres, elle n'a cette prérogative que parce qu'elle seule sait satisfaire aux besoins de tous, actionner chacun par les moyens efficaces, stimuler l'organe paresseux sans diminuer sa vitalité mais pour augmenter son rendement; elle n'accepte la perte d'un membre qu'au cas où ce membre est devenu un péril pour l'organisme entier; elle ne détruit pas, et pour nous, punir, c'est détruire.

CONCLUSION

Le lecteur attend sans doute la conclusion; elle sera brève, exempte de *littérature*, et, autant que ce mot a de sens ici, pratique.

L'amour de la patrie est la source des forces morales dont l'emploi appartient à l'armée.

Le dévouement au chef en est la manifestation extérieure, agissante et efficace.

L'ascendant du chef est la mesure des dévouements qu'il a su se concilier.

L'ascendant ne s'obtient que par le travail, mais il s'obtient sûrement par le travail.

Le travail du chef est double; il doit étudier les qualités idéales du chef parfait, s'étudier lui-même, sévèrement et impartialement, et s'efforcer de se rapprocher de l'idéal, en conservant sa personnalité propre, sa silhouette spéciale, sans laquelle le chef n'est qu'une entité imprécise et ennuyeuse. Il doit, d'autre part, étudier ses inférieurs, dans leur âme collective, dans leur âme individuelle; adapter à chacun, suivant sa valeur et son aptitude, par suite avec les modifications nécessaires dans l'application, des règles de commandement uniformes et communes à tous.

Connaître chaque homme, c'est connaître le moyen d'assurer son bien-être matériel et moral, et, par suite, de le conquérir.

L'action du chef commence au moment où le jeune soldat franchit la porte de la caserne. Dès lors, elle n'a plus d'intermittences; elle est rigoureusement continue. Elle ne doit pas avoir de fin, car l'empreinte laissée sur chaque homme doit être indélébile.

Dans tout chef, le soldat doit connaître et discerner le camarade, dont l'accueil est facile et cordial, dont la bienveillance est sûre et éclairée, et le chef, dont la valeur est reconnue, dont l'ordre ne laisse pas place à l'hésitation, ni au doute.

Donner un ordre, c'est lancer un obus. Il faut savoir, s'il faut le lancer, où, quand, comment, s'entourer des précautions nécessaires, pointer avec soin. Une fois parti, l'ordre d'exécution donné, rien ne peut plus l'empêcher d'arriver à son but. S'il est mal lancé, si un obstacle s'interpose, il y aura explosion, beaucoup de dégâts, un désastre peut-être, et le but ne sera pas atteint.

Il ne faut pas punir, il faut soigner.

Il ne faut pas désespérer, jamais. Chez tout homme, il y a une corde qui vibre; il faut la trouver.

Il ne faut pas croire l'effort inutile, parce que d'effet médiocre. L'armée est l'organisation d'efforts individuels; donnons chacun notre effort, là où nous sommes. Donnons-le chacun à notre manière, mais donnons-le sans marchander, l'exemple sera contagieux.

Et, avec le calme et l'inaltérable belle humeur qui de l'austérité du devoir ne laisseront que la joie de le remplir, — avant tout, et par-dessus tout, soyons justes et bons. Soyons inépuisablement bons envers tous ces jeunes gens qui, plus allégrement qu'ils ne le croient eux-mêmes, viennent payer à la patrie l'impôt de leurs années de jeunesse, l'impôt du temps, plus lourd encore à des cœurs français que l'impôt du sang. Soyons bons, par tempérament, par système, s'il le faut, mais soyons bons; nos soldats nous le rendrons au centuple.

Et maintenant, mes chers camarades, retournons à nos braves gens et au travail!

TABLE DES MATIÈRES

Nancy, Impr. Berger-Levrault et Cⁱᵉ

www.ingramcontent.com/pod-product-compliance
Lightning Source LLC
Chambersburg PA
CBHW070913280326
41934CB00008B/1700